50 leichte Diktate in der alten & neuen Rechtschreibung

Antje Dohrn

50 leichte Diktate in der alten & neuen Rechtschreibung

Urania

Die Autorin:
Antje Dohrn ist ausgebildete Studienrätin für Deutsch und Französisch. Sie hat bereits zahlreiche Schüler im Gruppen- und Einzelunterricht in die Geheimnisse der neuen Rechtschreibung eingeweiht. Sie schreibt eigene und redigiert fremde Texte, u.a. für Film und Fernsehen. Mit den „50 leichten Diktaten in der alten & neuen Rechtschreibung“ legt sie ihr erstes Buch vor.

Zum gleichen Themenbereich sind im Urania Verlag bereits erschienen:
Antje Dohrn: 50 einfache und kurze Diktate in der alten & neuen Rechtschreibung.
Klaus Mackowiak: 50 leichte Lücken-Diktate in der alten & neuen Rechtschreibung.
Christian Stetter: Zeichensetzung verständlich erklärt: Alte & neue Regelung.
Christian Stetter: Groß- und Kleinschreibung verständlich erklärt: Alte & neue Regelung.
Christian Stetter: Getrennt- und Zusammenschreibung verständlich erklärt. Alte & neue Regelung.

Die Deutsche Bibliothek – CIP-Einheitsaufnahme

Dohrn, Antje:
50 leichte Diktate in der alten & neuen Rechtschreibung / Antje Dohrn. –
Orig.-Ausg.-Berlin: Urania-Verl., 1997
ISBN 3-332-00579-0

ISBN 3-332-00579-0

02 01 00 99 98 6 5 4 3

Umschlaggestaltung: Steinkaemper/Lohmann, 86859 Igling
Lektorat: Dr. Marianne Jabs
Satz: OLD-Satz digital, Neckarsteinach
Druck: Druckerei zu Altenburg
Printed in Germany
Gedruckt auf alterungsbeständigem Papier
mit chlorfrei gebleichtem Zellstoff

Inhalt

Prof. Dr. Christian Stetter: Zur Einführung 7

Vorwort 11

I. Groß- und Kleinschreibung

1. Im Großstadtdschungel 12
2. Die Pygmäen 14
3. Hoch oben 16
4. Übernachten in Manhattan 18
5. Weißt du noch? 20
6. Berieselung am Nachmittag 22
7. Alle wollen zum Mars 24
8. *Verdammter…* – Wenn Fluchen zur Krankheit wird 26

II. Schreibung von Fremdwörtern (mit Abtrennung am Zeilenende)

9. Gute Vorsätze in der Umkleidekabine 28
10. Aufträge 30
11. Phantasien 32
12. Inseln der Ruhe 34
13. Urlaub im Club 36

III. Laut-Buchstaben-Zuordnungen

14. Ingwer-Haselnuss-Brot 38
15. Wozu noch Bücher? 40
16. Die Welt des Charles Dickens 42
17. Ufos! 44
18. „Fässchen“ 46
19. Beschwerde 48
20. Über den Impressionismus 50
21. Ein Single im Supermarkt 52

IV. Getrennt- und Zusammenschreibung

22. Die Stewardess – Bardame der Lüfte? 54
23. Bewerbung 56
24. Entführung 58
25. Spieglein, Spieglein an der Wand... 60

26. Gespenster der Vergangenheit im Londoner Tower 62
27. Überlebenschancen beim Absturz. 64
28. Happy (Week)end. 66
29. Wandertag 68

V. Zeichensetzung

30. Rotkäppchens Ende 70
31. Besuch von draußen 72
32. Bettgeflüster. 74
33. Selbstgespräche 76
34. Rive Gauche. 78
35. Aus aller Welt 80
36. Denk doch mal! 82
37. „Wie redet der bloß mit mit?“ 84
38. Filmfestspiele 86

VI. Worttrennung am Zeilenende

39. Am Teich 88
40. Gebrauchsanweisung für Igel 90
41. Ein Lob der Vorspeise 92
42. Galápagos 94

VII. Abschluss: Diktate aus gemischten Rechtschreibbereichen

43. Esperanto. 96
44. Flamenco 98
45. Hilfe von außerhalb 100
46. Nur eine Geste? 102
47. Grippeschutz 104
48. Picasso – Der Anfang. 106
49. Die Einladung 108
50. Finale!. 110

Literaturverzeichnis 112

Zur Einführung

Jeder, der dieses Buch in die Hand nimmt, wird schon das eine oder andere von der sogenannten Amtlichen Regelung der Rechtschreibung des Deutschen gehört haben, die 1996 von den Kultusbehörden der deutschsprachigen Länder verabschiedet worden ist: daß sie künftig in den Schulen gelehrt werden soll, daß sie das Schreiben vereinfachen soll, aber auch, daß sie in der Öffentlichkeit umstritten ist, daß sich viele Schriftsteller, Publizisten, Verleger und andere gegen sie ausgesprochen haben usw. Viele werden die neue Regelung auch schon in Augenschein genommen haben. Die Regeln sind ja in den neu auf den Markt gekommenen Wörterbüchern abgedruckt. Und mancher wird sich sogar den vollständigen Text, d.h. die Regeln und das dazugehörende Wörterverzeichnis, besorgt haben. Er ist als Taschenbuch erschienen.[1] Kaum jemand aber wird sich, bislang wenigstens, im Detail mit diesem Regelwerk befaßt oder gar es durchgearbeitet haben. In der Tat ist es selbst für den Fachmann nicht ganz einfach zu durchschauen.
So ist einstweilen relativ unbekannt, was sich denn in der Rechtschreibung des Deutschen genau verändert hat, und ebenso unbekannt ist wohl auch, für wen die neue Regelung ›verbindlich‹ ist, wer also nach ihr schreiben „muss" und entsprechend umlernen muss und wer nicht. Hierzu ein Wort zur Klärung: Verbindlich ist die Neuregelung de jure wie de facto zunächst einmal »nur« für die Schulen. Wieweit öffentliche Behörden sie einführen werden, das wird sich in den nächsten ein bis zwei Jahren entscheiden. Für alle übrigen Bereiche – Wirtschaft, Verbände, Presse- und Literaturverlage usw. – ist die Regelung nicht verbindlich. Hier werden manche die Neuregelung ganz oder in Teilen übernehmen, viele andere werden bei der alten Regelung bleiben oder auch – wie viele Literaturverlage – bleiben müssen. So wird sich erst nach einiger Zeit, vielleicht in fünf bis zehn Jahren, überblicken lassen, welche der vorgeschlagenen Veränderungen von der „Gemeinschaft" der Schriftbenutzer übernommen worden sind und welche nicht. Denn diese haben hier das letzte Wort, nicht der Staat, der auf diesem Gebiet streng genommen gar nichts zu regeln hat.
Gerade deshalb aber wird man sich über die amtliche Neuregelung informieren und sich seinen eigenen Reim darauf machen müssen.[2] Dabei will dieses Buch helfen, und es tut dieses m.E. auf ebenso einfache wie informative Weise: indem es in 50 kurzen Texten die

[1] Deutsche Rechtschreibung. Regeln und Wörterverzeichnis. Amtliche Regelung. Hg. vom Ministerium für Schule und Weiterbildung des Landes Nordrhein-Westfalen, Düsseldorf 1996: Concept-Verlag.
[2] Ich habe mir diesen – wie der Leser bzw. die Leserin bereits bemerkt haben wird – auch gemacht und folge der Neuregelung in einigen Punkten, in anderen bleibe ich lieber bei der alten Schreibweise, weil mir diese sinnvoller erscheint, so etwa beim »daß« oder bei »miß-« oder bei der Groß- und Kleinschreibung. Das ist mein gutes Recht, und insofern hat die Neuregelung in jedem Fall ein Gutes: Vieles ist in der Rechtschreibung jetzt nicht mehr einfach »richtig« oder »falsch«, weil es die Wahl zwischen Varianten gibt. Damit ermöglicht die Amtliche Regelung, sei sie selbst wie sie will, einen sinnvollen Umgang mit diesen.

neuen Regeln an Beispielen vorführt. „Alte“ und „neue“ Schreibweise sind jeweils nebeneinander gestellt. Das hat den Vorzug, daß jeder sich von den Vorzügen und Nachteilen der Amtlichen Regelung im Vergleich mit dem übernommenen Schreibgebrauch buchstäblich ein Bild machen kann. Das ist auch notwendig, denn beide Schreibweisen haben Vorzüge und Schwächen, und nichts wäre falscher, als die vorgeschlagenen Veränderungen nun einfach abzulehnen oder kritiklos hinzunehmen. Sie müssen sich erst noch im Gebrauch bewähren. Dabei wird sich noch manches verändern oder sich der „alten“ Schreibweise wieder annähern, insbesondere bei der Worttrennung am Zeilenende, bei der Groß- und Kleinschreibung und bei der Getrennt- und Zusammenschreibung.
Nun ein paar Worte zu dem, was sich verändert hat: Die Orthographie besteht aus vier ‚Registern‘: aus der *Wortschreibung*[3], zu der auch die Worttrennung am Zeilenende und der Bindestrich gehören, aus der *Getrennt- und Zusammenschreibung*, der *Groß- und Kleinschreibung* und aus der *Zeichensetzung*.
Bei der *Wortschreibung* sind vor allem die Änderungen bemerkenswert, die auf das sogenannte ‚Stammprinzip‘ zurückzuführen sind. Darunter versteht man den Grundsatz, bei mehrformigen Wörtern wie z.B. den Verben den Wortstamm möglichst einheitlich zu schreiben. Auf diesen Grundsatz ist auch die veränderte *s-Schreibung* zurückzuführen. Bei dem Verb **lassen** etwa wurden bislang die zweisilbigen Formen nach Kurzvokal mit -ss- geschrieben (**lasse**, **lassen**, **gelassen**, aber: **laß**, **laßt**). Die neue Schreibung hebt nun den Wortstamm durch die einheitliche Schreibung (lasse, lässt, lass, lasst) deutlicher hervor; es bleibt auch hier allerdings bei der Schreibweise **ließ-** (da „ie“ Langvokal ist). Entsprechendes gilt für Substantive wie **Fluss**, **Flüsse** usw. Problematisch ist allerdings die Ausweitung dieser Regelung auf dass oder miss-. Sie widersprechen der Systematik der Schreibung einsilbiger Wörter. Im Deutschen steht nämlich bei einsilbigen Wörtern bzw. Vorsilben und Endungen nach Kurzvokal mit Ausnahme von **dann**, **denn**, **wann** und **wenn** nie ein Doppelkonsonant, vgl. **das**, **des**, **es**, **was**, **wes**, **bis**, **in**, **am**, **mir**, **-nis** usw.[4]
Problematisch ist von der Sprachsystematik her betrachtet auch die Ausdehnung des Stammprinzips auf die *e/ä-Schreibung*. Den wenigen angeglichenen Schreibungen (**Aufwand** : aufwändig etc.) stehen eine Fülle von Schreibungen gegenüber, in denen e und a sich „abwechseln“ (alternieren), weil dies in der Grammatik des Deutschen eben so ist: **alt** : **Eltern**, **Sprache** : **sprechen** usw. Nicht weniger problematisch ist die neue Regelung, anstelle der bisherigen Schreibungen **substantiell**, **potentiell** nunmehr substanziell bzw. potenziell als Hauptvarianten auszuzeichnen. **potentiell** ist nicht aus **Potenz** abgeleitet, sondern aus einem lateinischen Stamm **potent-**. Immerhin bietet hier aber die Amtliche Regelung die Möglichkeit, die Variante zu wählen, die einem die sinnvollere scheint.
Auch auf das Stammprinzip zurückzuführen ist die neue Regelung, nach der bei Wortzusammensetzungen *drei aufeinander folgende Buchstaben* grundsätzlich erhalten bleiben

[3] In der Amtlichen Regelung ist hier irreführend von „Laut-Buchstaben-Zuordnung“ die Rede.

[4] Der Doppelkonsonant tritt nur bei Zweisilbigkeit als Silbengelenk auf: in-nen, Bet-ten, Flüs-se usw. **dann** usw. waren früher zweisilbig: **danne**, **denne**, **wanne**, **wenne**.

(Schifffahrt statt bisher **Schiffahrt**). Angesichts der neuen s-Schreibung, aber auch sonst führt diese Regelung zu vielen befremdenden Schreibungen (Flusssand, Kennnummer usw.). Hier ist die alte Regelung ohne Zweifel vorzuziehen.

Vorsicht ist schließlich bei der *Worttrennung am Zeilenende* anzuraten. Gegen den grundsätzlichen Versuch, das Prinzip „Trennung nach Sprechsilben" auch auf die Fremdwortschreibung auszudehnen, ist nichts einzuwenden, solange er dem Wortaufbau der Fremdwörter nicht allzu sehr Gewalt antut. Doch sollte man bei der Reihenfolge bleiben, daß die Trennung nach der Wortzusammensetzung und nach Sprachsilben Vorrang hat vor der nach Sprechsilben, und Trennungen wie Komp-resse oder gar Tee-nager (die nach der Neuregelung möglich wären) vermeiden. Ein Positivum ist sicher die Aufhebung der alten *st-Regel* (jetzt: Kas-ten), dafür hat man aber mit der neuen *ck-Regel* (pa-cken) genau die Ausnahme wieder geschaffen, die man beim st gestrichen hatte.

Ein besonderes Kapitel ist die Neuregelung der Schreibung sogenannter *Fremdwörter*. Man mag es in einer Zeit, in der nationale Grenzen abgebaut werden, als Anachronismus betrachten, nun mit einer „Eindeutschung" der Schreibung von Wörtern zu beginnen, die zum Teil schon jahrzehnte- oder jahrhundertelang Wörter der deutschen Schriftsprache sind. Andererseits ist natürlich bei Wörtern, die in den Alltagswortschatz eingegangen sind wie **Fotografie**, die Angleichung an die „Normalschreibweise" des Deutschen verständlich und legitim. Ärgerlich ist bei der Neuregelung allerdings, daß sehr uneinheitlich verfahren wurde: Bei manchen Wörtern gelten Regeln wie „t statt th", „f statt ph" (Tunfisch, Grafiker, ...), bei anderen hingegen nicht (**Theater**, **Philosophie**, ...), ohne daß zu erkennen wäre, nach welchem Prinzip hier verfahren wurde. Auch hier die Empfehlung, die Möglichkeit von Alternativen zu nutzen. Welche Varianten sich letzlich als die bevorzugten herausstellen, das wird sich erst in einigen Jahren zeigen.

Die *Getrennt- und Zusammenschreibung* war bislang über ein paar Grundsätze hinaus nicht in verbindliche Regeln gefaßt. Die neue Regelung versucht das nun mit mehr oder weniger formalen Kriterien, die aber schwer zu durchschauen und leider zum Teil unscharf oder sogar inkonsistent sind. Grundsätzlich wurde versucht, semantisch bedingte Zusammenschreibungen abzubauen (**englischsprechend** [= Englisch sprechen können] : [aktualiter] Englisch sprechend usw.), doch ist dies eben an vielen Stellen gar nicht möglich. Hier hilft leider nur eines: sich die neuen Schreibweisen einzuprägen und im Zweifelsfall im Wörterbuch nachzuschlagen. Die Beispiele in den hier abgedruckten Texten geben einen guten Überblick über die Änderungen in diesem Bereich.

Ähnliches gilt – leider – auch für die *Groß- und Kleinschreibung*. Einige der neuen Regeln sind unproblematisch, und im Bereich der *Eigennamenschreibung* ist grundsätzlich eine Verbesserung zu konstatieren. (Daß nun die **Erste Hilfe** erste Hilfe und das **Ohmsche Gesetz** ohmsches Gesetz geschrieben werden sollen, ist kein Fehler der Regelung, sondern der Regelanwendung: In beiden Fällen handelt es sich klarerweise um Eigennamen, und auch nach der neuen Regelung müßten die Wörter erste und ohmsches hier großgeschrieben werden.) Deutlich komplizierter und logisch verworrener ist dagegen die Substantivschreibung geworden. Bisher galt, daß Zahlwörter, Indefinitpronomen usw. nicht groß-

geschrieben werden, auch wenn sie mit Artikel verwendet werden – zurecht, denn Zahlwörter sind logisch etwas anderes als Substantive; und es galt ebenso, daß ausschließlich adverbial verwendete Ausdrücke wie **im allgemeinen**, **im folgenden** usw. durchgängig kleingeschrieben wurden – auch dies zurecht, denn Substantive kann man immer als Verbergänzung (Subjekt, Objekte) verwenden, und wo dies nicht möglich war, wurde eben konsequent kleingeschrieben.[5] Diese an sich klare Regelung ist aufgrund formaler Kriterien geändert worden, sodaß nun in beiden Bereichen eine Großschreibung eintritt, die von der Regelung selbst keineswegs gefordert ist. In **gestern abend** etwa ist das Wort **abend** Adverb, nicht Substantiv, und müßte der Regel zufolge eigentlich kleingeschrieben werden. Hier gibt es künftig viele divergierende und darum irritierende Parallelschreibungen (das Beste, am besten usw.). Im Bereich der Schreibung von Zahlwörtern und Indefinitpronomen ist die Amtliche Regelung besonders undurchsichtig (die drei Ersten, die ersten drei usw.). Auch hier hilft wiederum nur eines: sich die neuen Schreibweisen einzuprägen – so man sich denn an die Amtliche Regelung halten muss.
Für die beiden Bereiche der Getrennt- und Zusammenschreibung und der Groß- und Kleinschreibung gilt also die eingangs ausgesprochene Empfehlung in besonderem Maße, alte und neue Regelung vergleichend zu studieren. Man kann hier nur hoffen, daß die erheblichen Unklarheiten in diesen Bereichen bei der nächsten Überarbeitung der Amtlichen Regelung behoben werden.
Für die *Zeichensetzung* kann abschließend dagegen wieder etwas Positives konstatiert werden: Sie hat in der neuen Regelung eindeutig an Klarheit gewonnen, insbesondere bei der *Kommasetzung*, wo man – endlich – die Unterscheidung von einfachem und „paarigem“ Komma in das Regelwerk übernommen hat. Ein kleines Fragezeichen sei nur hinter die Regelung des Kommagebrauchs bei erweiterten Infinitiven gesetzt: Zumindest in vielen Fällen wird es angebracht sein, das Komma dort (wie früher) zu setzen. Da man das aber nach wie vor „darf“, ist der Fall nicht weiter problematisch.
Der Leserin/dem Leser wünsche ich viel Erfolg bei der Arbeit mit diesem Buch. Es wird für den, der sich schnell und ohne langes Regelstudium in die Amtliche Regelung eingewöhnen will, ebenso nützlich sein wie dem, der alte und neue Schreibung vergleichen und vielleicht die Vorzüge beider Regelungen miteinander vereinen will. M.E. sollte man die Chancen nutzen, die darin liegen, daß nun in vielen Fällen alternative Schreibweisen zur Verfügung stehen. Dies wird in jedem Fall zu einem reflektierten Umgang mit der Orthographie verhelfen.

Prof. Dr. Christian Stetter
Begründer des Grammatischen Telefons der RWTH Aachen,
bei dem alle Ratlosen unter der Nummer 0241-806074 Auskunft einholen können.

[5] Der Ausdruck **im allgemeinen** kann nie als Subjekt oder als Objekt eines Satzes verwendet werden.

Vorwort

Das vorliegende Buch wendet sich an Schüler ab 12 Jahren, ihre Eltern und Erwachsene aller Berufsgruppen, die sich täglich oder in regelmäßigen Abständen schriftlich äußern müssen und nicht den Anschluss an die veränderte deutsche Rechtschreibung und ihre neuen Regeln verpassen wollen.
Es bietet 50 Diktattexte, die sich Schritt für Schritt auf alle Bereiche der geänderten Rechtschreibung beziehen. Auf der linken Doppelseite finden Sie jeweils den Text in der alten Rechtschreibfassung; die rechte Seite legt die neue Fassung vor und markiert die Wörter farbig, die zu dem gerade behandelten Sachgebiet gehören und sich in ihrer Schreibweise verändert haben. Wörter aus anderen Rechtschreibbereichen, die von der Reform betroffen sind, stehen ebenfalls in ihrer neuen Schreibweise im Text, sind aber nicht farbig gekennzeichnet. Unter den Texten befindet sich eine knappe Aufstellung der Regeln, nach denen die Änderungen in der neuen Schreibweise erfolgten. Die einzelnen Regeln folgen dabei den markierten Wörtern, so dass sich der Leser leicht orientieren kann.
In schwierigeren Fällen finden sich in diesem Regelteil weitere Wortbeispiele, die die Regel verdeutlichen.
Gibt es Alternativen in der Schreibweise von Wörtern oder in der Zeichensetzung, so wird immer die bevorzugte Version an erster Stelle angegeben. (Das bezieht sich ebenfalls auf die Trennung von Fremdwörtern am Zeilenende.)
Die Wörter der Texte, die sich gezielt auf die Worttrennung am Zeilenende beziehen, wurden so markiert, dass die neue Regel für die Silbentrennung durchsichtig und verständlich wirkt. Texttechnisch war es nicht möglich, im Sinne einer größeren Wirklichkeitsnähe alle markierten Wörter auf ein Zeilenende zu verlegen. Erste Lesehemmungen werden sich jedoch schnell legen!
Abgesehen vom V. und vom VII. Kapitel werden in den Texten die einzelnen Aspekte der verschiedenen Rechtschreibbereiche gemischt. Die Neuerungen werden so von Anfang an zusammen eingeübt, wodurch eine größere Authentizität der Texte erreicht wird: Jede „natürliche“ Textsorte enthält ja auch immer Wörter aus mehreren Rechtschreibbereichen.
Kapitel V bildet eine Ausnahme. Erfahrungsgemäß sind die Unsicherheiten und auftretenden Schwierigkeiten im Bereich der Kommasetzung besonders hartnäckig; daher werden die Bereiche, in denen es zu einer Regeländerung kommt, gesondert behandelt. Jeder Text im Kapitel V konzentriert sich auf einen anderen Schwerpunkt.
Ich habe mich bemüht, den Schwierigkeitsgrad und die Länge der Diktattexte etwa gleich zu halten. Nur das letzte, das VII. Kapitel bietet einen abschließenden Rundumschlag. Dabei werden im Diktat 43 die neuen Kommaregeln noch einmal geballt vorgestellt. Die übrigen Texte dieses Kapitels konzentrieren sich stets auf mehrere Bereiche der Reform, d.h. sie sind „gespickt“ mit den veränderten Wörtern, Wendungen und Sätzen – eine kleine Herausforderung am Schluss.

Berlin, im Dezember 1996 Antje Dohrn

I. Groß- und Kleinschreibung

1. Im Großstadtdschungel

Sie wohnen in einer gemütlichen Kleinstadt und sind **heute morgen** ahnungslos in einer unserer europäischen Großstädte angekommen? Warten Sie ab, Sie werden staunen!

Einem einkaufenden Fußgänger kann die Innenstadt mitunter **angst und bange** machen. Ehe er es sich versieht, wird er mit der einen oder anderen Menschenmenge mitgezogen, die sich nicht **das geringste** darum schert, welche Richtung er eigentlich einschlagen wollte.
Die Straßen sind für die wahren Verkehrslawinen immer zu eng, so daß unser Fußgänger sich wundert, warum man das Auto hier nicht längst abgeschafft hat. Mit offenem Mund sieht er die Biker an sich vorbeizischen – **radfahren** scheint hier an Irrsinn zu grenzen.
Was **Sonntag abends** noch zu bewältigen ist, verwandelt sich am nächsten **Montag morgen** in das reinste Chaos. **Jung und alt** versucht jetzt **aufs beste**, die Straße an den unmöglichsten Stellen zu überqueren – ein gefährliches Unterfangen!
Der Fußgänger zieht natürlich immer **den kürzeren**!
Eigentlich kann man niemanden dafür zur Verantwortung ziehen, denn jeder versucht doch nur auf seine Weise, von einem Punkt der Stadt zum anderen zu gelangen. Daraus sollte **im großen und ganzen** keine Boshaftigkeit der Großstadtbewohner abgeleitet werden.
Näher betrachtet hat das hektische Treiben auf den Straßen wenigstens den Vorteil, daß im Falle eines Falles immer genug Menschen vorhanden sind, um **Erste Hilfe** zu leisten.
Um dem alltäglichen Wahnsinn des Großstadtdschungels zu entgehen, kann dem gestreßten Besucher **im allgemeinen** also nur geraten werden, wenigstens während der Hauptverkehrszeiten gemütlich zu Hause zu bleiben, abzuwarten und eine andere Person einkaufen zu schicken.

1. Im Großstadtdschungel

Sie wohnen in einer gemütlichen Kleinstadt und sind heute Morgen ahnungslos in einer unserer europäischen Großstädte angekommen? Warten Sie ab, Sie werden staunen!

Einem einkaufenden Fußgänger kann die Innenstadt mitunter Angst und Bange machen. Ehe er es sich versieht, wird er mit der einen oder anderen Menschenmenge mitgezogen, die sich nicht das Geringste darum schert, welche Richtung er eigentlich einschlagen wollte. Die Straßen sind für die wahren Verkehrslawinen immer zu eng, so dass unser Fußgänger sich fragt, warum man das Auto hier nicht längst abgeschafft hat. Mit offenem Mund sieht er die Biker an sich vorbeizischen – Rad fahren scheint hier an Irrsinn zu grenzen.
Was sonntagabends noch zu bewältigen ist, verwandelt sich am nächsten Montagmorgen in das reinste Chaos. Jung und Alt versucht jetzt aufs Beste/aufs beste, die Straße an den unmöglichsten Stellen zu überqueren – ein gefährliches Unterfangen!
Der Fußgänger zieht natürlich immer den Kürzeren!
Eigentlich kann man niemanden dafür zur Verantwortung ziehen, denn jeder versucht doch nur auf seine Weise(,) von einem Punkt der Stadt zum anderen zu gelangen. Daraus sollte im Großen und Ganzen keine Boshaftigkeit der Großstadtbewohner abgeleitet werden.
Näher betrachtet hat das hektische Treiben auf den Straßen wenigstens den Vorteil, dass im Falle eines Falles immer genug Menschen vorhanden sind um erste Hilfe zu leisten.
Um dem alltäglichen Wahnsinn des Großstadtdschungels zu entgehen(,) kann dem gestressten Besucher im Allgemeinen also nur geraten werden(,) wenigstens während der Hauptverkehrszeiten gemütlich zu Hause zu bleiben, abzuwarten und eine andere Person einkaufen zu schicken.

Regeln für die veränderte Groß- und Kleinschreibung

- Bezeichnungen für Tageszeiten in Verbindung mit *(vor)gestern, heute, (über)morgen* werden großgeschrieben.
- Die Substantive *Angst, Bange, Pleite, Schuld, Gram*, *Leid* werden nur noch in Verbindung mit den Verben *sein, bleiben, werden* kleingeschrieben.
- Unbestimmte Zahladjektive, die den Indefinitpronomen nahe stehen, werden großgeschrieben, wenn sie substantivisch verwendet werden.
- Substantive in Verbindung mit einem Verb werden generell großgeschrieben.
- Verbindungen von Wochentag und Tageszeit gelten als substantivische Zusammensetzungen und werden in einem Wort großgeschrieben.
- Paarformen mit nicht deklinierten Adjektiven zur Bezeichnung von Personen werden großgeschrieben.
- In festen adverbialen Wendungen aus „aufs"/„auf das" und Superlativ, nach denen man mit „wie?" fragen kann, kann das Adjektiv groß- oder kleingeschrieben werden.
- Adjektive in festen Wortverbindungen (sowohl in wörtlicher als auch in übertragener Bedeutung) werden großgeschrieben.

2. Die Pygmäen

Die Pygmäen leben im Regenwald der Zentralafrikanischen Republik.
Ratgeber für alle wichtigen Situationen ist der Dorfälteste. Er entscheidet, was recht ist, wer bei einem Streit **recht bekommt** und geht den Gründen nach, aus denen jemand unrecht gehandelt hat. Seine Erfahrungen und seine Stellung als Dorfältester helfen ihm dabei, Konflikte zwischen den Dorfbewohnern wieder **ins reine** zu bringen.
Nur bei der Partnerwahl denken die Frauen nicht **im entferntesten** daran, ihn zu befragen. Sie entscheiden selbst, wer in ihrer Hütte über Nacht bleiben darf. Geheiratet wird, wenn die erste Nacht **zugunsten** des Besuchers verläuft und die Zuneigung anhält.

Wenn die Meerkatzen morgens nach Nahrung suchen, ist es **das beste** für die Jäger, ihnen zu folgen. Sie imitieren die Rufe des Leittiers und warten. Die wütende Antwort des Affen kommt prompt zurück und verrät ihn. Mit einem giftigen Pfeil aus seiner Armbrust erlegt der Jäger das Tier. Der Affe ist nicht mehr **imstande** zu fliehen, denn das tödliche Gift wirkt innerhalb von drei Minuten.
Mit dem Beginn der Regenzeit im April ist die Jagdzeit **im großen und ganzen** beendet. Das Wild wird in Ruhe gelassen. **Im übrigen** sammeln die Pygmäen dann Honig und bereiten schmackhafte Mahlzeiten aus Raupen zu, die **im allgemeinen** in Kokosblätter gewickelt und mit Palmöl und Pfeffer angemacht auf dem Feuer geröstet werden.

Gegenwärtig liegen die Lebensbedingungen der Pygmäen **im argen**. Die zunehmende Abholzung des Regenwaldes, Wilderer, Siedler und sich ausbreitende Krankheiten haben bereits deutliche Spuren hinterlassen.
Ein Eingriff in den Lebensraum der Pygmäen, der bis **zum äußersten** geht, kann jedoch nicht **Rechtens** sein.

2. Die Pygmäen

Die Pygmäen leben im Regenwald der Zentralafrikanischen Republik.
Ratgeber für alle wichtigen Situationen ist der Dorfälteste. Er entscheidet, was recht ist, wer bei einem Streit Recht bekommt und geht den Gründen nach, aus denen jemand unrecht gehandelt hat. Seine Erfahrungen und seine Stellung als Dorfältester helfen ihm dabei, Konflikte zwischen den Dorfbewohnern wieder ins Reine zu bringen.
Nur bei der Partnerwahl denken die Frauen nicht im Entferntesten daran, ihn zu befragen. Sie entscheiden selbst, wer in ihrer Hütte über Nacht bleiben darf. Geheiratet wird, wenn die erste Nacht zu Gunsten/zugunsten des Besuchers verläuft und die Zuneigung anhält.

Wenn die Meerkatzen morgens nach Nahrung suchen, ist es das Beste für die Jäger, ihnen zu folgen. Sie imitieren die Rufe des Leittiers und warten. Die wütende Antwort des Affen kommt prompt zurück und verrät ihn. Mit einem giftigen Pfeil aus seiner Armbrust erlegt der Jäger das Tier. Der Affe ist nicht mehr imstande/im Stande zu fliehen, denn das tödliche Gift wirkt innerhalb von drei Minuten.
Mit dem Beginn der Regenzeit im April ist die Jagdzeit im Großen und Ganzen beendet. Das Wild wird in Ruhe gelassen. Im Übrigen sammeln die Pygmäen dann Honig und bereiten schmackhafte Mahlzeiten aus Raupen zu, die im Allgemeinen in Kokosblätter gewickelt und mit Palmöl und Pfeffer angemacht auf dem Feuer geröstet werden.

Gegenwärtig liegen die Lebensbedingungen der Pygmäen im Argen. Die zunehmende Abholzung des Regenwaldes, Wilderer, Siedler und sich ausbreitende Krankheiten haben bereits deutliche Spuren hinterlassen.
Ein Eingriff in den Lebensraum der Pygmäen, der bis zum Äußersten geht, kann jedoch nicht rechtens sein.

Regeln für die veränderte Groß- und Kleinschreibung

- Als Substantiv wird *Recht* großgeschrieben. (In Fügungen wie „Etwas ist *recht*“ hat das Adjektiv die Bedeutung *richtig* und wird kleingeschrieben.)
- Substantive in Verbindung mit einer Präposition werden großgeschrieben.
- Substantivierte Adjektive und Partizipien in festen Wortverbindungen werden großgeschrieben.
- *zu Gunsten* kann als Substantiv ohne Begleiter großgeschrieben werden (vgl. hierzu auch *im Stande*).
- Substantivierte Adjektive und Partizipien werden großgeschrieben.

3. Hoch oben

Unter vielen Bewerbern war er ausgewählt worden. Er würde **heute abend** zum ersten Mal mit den anderen Artisten am Trapez arbeiten. Dieser Gedanke machte ihn für einen kurzen Moment **bange**, obwohl er eigentlich nur wenig Angst hatte.
Im großen ganzen freute er sich auf diese Herausforderung, denn der Zirkus, der ihn zuletzt beschäftigt hatte, war **pleite gegangen**, und seitdem war auch er ständig pleite.
Heute abend wollte er Ernst machen, sein Bestes geben und **aufs herzlichste** seinen hübschen, neuen Kolleginnen zulächeln, die ihm die Schaukel zuwerfen würden. Schließlich läge sein Leben in ihren Händen. Dafür mußte er **aufs äußerste** gehen!
Er wußte, daß nicht **jeder beliebige** von diesem Zirkus aufgenommen wurde. Er war stolz auf sich und sah im Geiste schon die Menge unter sich **bravo rufen**. **Das einzige**, was er dort oben fürchtete, war das Hochseil. Nicht **im entferntesten** hatte er daran gedacht, daß diese Nummer zu einem Teil seines Programms werden würde.
Das Hochseil war ihm bisher immer **feind gewesen**, aber er war **auf das sorgfältigste** vorbereitet. All die neidischen Kollegen aus früheren Zeiten, die **heute abend** anwesend sein würden, sollten sich ruhig ihre Münder zerreden. **Im geheimen** wußte er, daß es gut war, daß er nicht **das erste beste** genommen, sondern auf diese Chance gewartet hatte. Wie hätte er auch wissen können, daß gerade an diesem Abend die üblichen Sicherheitsprüfungen **außer acht** gelassen wurden und die Halterung dem Hochseil just in dem Moment **adieu** sagte, in dem er es betrat.

3. Hoch oben

Unter vielen Bewerbern war er ausgewählt worden. Er würde heute Abend zum ersten Mal mit den anderen Artisten am Trapez arbeiten. Dieser Gedanke machte ihn für einen kurzen Moment Bange, obwohl er eigentlich nur wenig Angst hatte.
Im großen Ganzen freute er sich auf diese Herausforderung, denn der Zirkus, der ihn zuletzt beschäftigt hatte, war Pleite gegangen und seitdem war auch er ständig pleite.
Heute Abend wollte er Ernst machen, sein Bestes geben und aufs Herzlichste/aufs herzlichste seinen hübschen, neuen Kolleginnen zulächeln, die ihm die Schaukel zuwerfen würden. Schließlich läge sein Leben in ihren Händen. Dafür musste er aufs Äußerste/aufs äußerste gehen!
Er wusste, dass nicht jeder Beliebige von diesem Zirkus aufgenommen wurde. Er war stolz auf sich und sah im Geiste schon die Menge unter sich bravo rufen/Bravo rufen. Das Einzige, was er dort oben fürchtete, war das Hochseil. Nicht im Entferntesten hatte er daran gedacht, dass diese Nummer zu einem Teil seines Programms werden würde.
Das Hochseil war ihm bisher immer Feind gewesen, aber er war auf das Sorgfältigste vorbereitet. All die neidischen Kollegen aus früheren Zeiten, die heute Abend anwesend sein würden, sollten sich ruhig ihre Münder zerreden. Im Geheimen wusste er, dass es gut war, dass er nicht das erste Beste genommen, sondern auf diese Chance gewartet hatte.
Wie hätte er auch wissen können, dass gerade an diesem Abend die üblichen Sicherheitsprüfungen außer Acht gelassen wurden und die Halterung dem Hochseil just in dem Moment adieu sagte/Adieu sagte, in dem er es betrat.

Regeln für die veränderte Groß- und Kleinschreibung

- Bezeichnungen für Tageszeiten in Verbindung mit *(vor)gestern, heute, (über)morgen* werden großgeschrieben.
- Die Substantive *Angst, Bange, Pleite, Schuld, Gram, Leid* werden nur noch in Verbindung mit den Verben *sein, bleiben, werden* kleingeschrieben.
- Adjektive in festen Wortverbindungen (sowohl in wörtlicher als auch in übertragener Bedeutung) werden meist großgeschrieben, wenn sie mit Artikel verwendet werden.
- In festen adverbialen Wendungen aus *aufs/auf das* und dem Superlativ, nach denen man mit *„wie?"* fragen kann, kann das Adjektiv groß- oder kleingeschrieben werden.
- Substantivierte Adjektive und Partizipien werden großgeschrieben.
- Substantive in Verbindung mit einer Präposition werden großgeschrieben..

4. Übernachten in Manhattan

New York City ist groß, und allein in Manhattan gibt es über 400 Hotels. Trotzdem werden Sie das Herumlaufen bald leid sein, wenn Sie sich für eins der Betten entscheiden sollen! Bevorzugen Sie den Komfort eines Luxushotels? Für eine Suite müssen Sie bei den allerfeinsten Adressen dann allerdings mit 10 000 Dollar pro Nacht rechnen. Das ist Ihnen etwas zu teuer, Sie wollen **auf dem laufenden** sein und lieben es außerdem ausgeflippt? Dann kommen Sie in die 25th Street. Hier müssen Sie sich darüber **im klaren** sein, daß Sie der einen oder anderen Staubfluse begegnen, dafür aber sind Boden und Wände der Zimmer mit grünen Dollarnoten bemalt. Tisch und Stühle finden Sie an die Wände geklebt.
Sie möchten Gesellschaft? Dann ist es **das beste**, wenn Sie sich an eine Agentur wenden, die Übernachtung und Frühstück in der Wohnung einer Privatperson vermittelt. Um **ein beträchtliches** billiger sind jedoch Jugendherbergen. Das schönste Haus befindet sich direkt am Central Park – Cafeteria, Münzwaschmaschine, Swimmingpool und Fitnessraum inklusive!
Sie werden sehen, daß ich **recht** habe!
Wenn Sie jedoch den Großteil Ihrer Zeit im Theaterviertel Manhattans verbringen werden, dann kommen Sie ins Paramount Hotel. Schon **Zigtausende** von Menschen haben das Foyer bewundert. Es ist wie eine Bühne! Die Bar sorgt abends dafür, daß Sie nicht **auf dem trockenen** sitzen. Eine interessante Bekanntschaft mit einem Musiker oder Schauspieler, mit dem Sie später angeben können, und **alles übrige** wird sich ergeben.
Das sicherste ist, die Übernachtungen frühzeitig zu buchen, sonst ist es vonnöten, daß Sie mit einer weniger kuscheligen Ecke in der Untergrundbahn vorliebnehmen müssen.

4. Übernachten in Manhattan

New York City ist groß und allein in Manhattan gibt es über 400 Hotels. Trotzdem werden Sie das Herumlaufen bald leid sein, wenn Sie sich für eins der Betten entscheiden sollen! Bevorzugen Sie den Komfort eines Luxushotels? Für eine Suite müssen Sie bei den allerfeinsten Adressen dann allerdings mit 10 000 Dollar pro Nacht rechnen. Das ist Ihnen etwas zu teuer, Sie wollen auf dem Laufenden sein und lieben es außerdem ausgeflippt? Dann kommen Sie in die 25th Street. Hier müssen Sie sich darüber im Klaren sein, dass Sie der einen oder anderen Staubfluse begegnen, dafür aber sind Boden und Wände der Zimmer mit grünen Dollarnoten bemalt. Tisch und Stühle finden Sie an die Wände geklebt. Sie möchten Gesellschaft? Dann ist es das Beste, wenn Sie sich an eine Agentur wenden, die Übernachtung und Frühstück in der Wohnung einer Privatperson vermittelt. Um ein Beträchtliches billiger sind jedoch Jugendherbergen. Das schönste Haus befindet sich direkt am Central Park – Cafeteria, Münzwaschmaschine, Swimmingpool und Fitnessraum inklusive!
Sie werden sehen, dass ich Recht habe!
Wenn Sie jedoch den Großteil Ihrer Zeit im Theaterviertel Manhattans verbringen werden, dann kommen Sie ins Paramount Hotel. Schon Zigtausende/zigtausende von Menschen haben das Foyer bewundert. Es ist wie eine Bühne! Die Bar sorgt abends dafür, dass Sie nicht auf dem Trockenen sitzen. Eine interessante Bekanntschaft mit einem Musiker oder Schauspieler, mit dem Sie später angeben können, und alles Übrige wird sich ergeben. Das Sicherste ist, die Übernachtungen frühzeitig zu buchen, sonst ist es vonnöten, dass Sie mit einer weniger kuscheligen Ecke in der Untergrundbahn vorlieb nehmen müssen.

Regeln für die veränderte Groß- und Kleinschreibung

- Die Substantive *Angst, Bange, Pleite, Schuld, Gram, Leid* werden in Verbindung mit den Verben *sein, bleiben, werden* kleingeschrieben.
- Substantivierte Adjektive und Partizipien mit Artikel oder Artikel und Präposition in festen Wortverbindungen werden großgeschrieben.
- Substantivisch gebrauchte Adjektive und Partizipien werden großgeschrieben
- Adjektive in festen Wortverbindungen (sowohl in wörtlicher als auch in übertragener Bedeutung) werden meist großgeschrieben, wenn sie mit Artikel verwendet werden.
- Substantive werden großgeschrieben, auch wenn sie ohne Begleiter stehen.
- Werden mit *hundert, zigtausend* usw. unbestimmte, nicht in Zahlen schreibbare Mengen angegeben, so können diese groß- oder kleingeschrieben werden.
- Unbestimmte Zahladjektive, die den Indefinitpronomen nahe stehen, werden großgeschrieben, wenn sie substantivisch verwendet werden.

5. Weißt Du noch?

Lieber Klaus,

hast **Du** mich vielleicht schon vergessen nach der langen Zeit?
In Hamburg haben wir vor vielen Jahren gemeinsam die 3. Realschule besucht. Lag das Gebäude nicht Am Tiefen Graben 10? Es steht heute jedenfalls nicht mehr. Kannst **Du Dich** noch an unseren Geschichtslehrer, Herrn Eichler, erinnern? Dein Referat über die **brandtsche Ostpolitik** werde ich nie vergessen. Was haben wir gelacht! Aber **Du** hast **recht**: Mein Vortrag über die **lutherschen Thesen** war auch nicht gerade eine Wucht. Wir waren wirklich **des öfteren** schlecht vorbereitet, nicht wahr?
Gestern habe ich übrigens Sabine getroffen. Das war die Kleine, die immer ihre Zettel **auf englisch** schrieb, und sie dann ans **Schwarze Brett** heftete. Sie kommt mir immer noch etwas überdreht vor! Sie hat mich übrigens **bis ins kleinste** über das geplante Klassentreffen informiert, zu dem ich **Dich** hiermit einlade. Es soll am 24.4. stattfinden, ich werde **Dich im einzelnen** noch darüber informieren. Vielleicht kannst **Du Dir** diesen Tag vormerken.
Herr Biber (Biologie) wird auch anwesend sein. Weißt **Du** noch, wie er stundenlang über den **Weißen Tod** redete und den Schwatzenden die **Rote Karte** zeigte? Ich habe gehört, daß er monatelang durch den Stillen Ozean gesegelt ist und jetzt Bürgermeister werden will! Aber das können wir uns ja dann von ihm selbst erzählen lassen.
Ich freue mich auf unser Wiedersehen und hoffe, daß **Ihr** alle gesund seid!

Bis bald, **Dein** Fritz

5. Weißt du noch?

Lieber Klaus,

hast du mich vielleicht schon vergessen nach der langen Zeit?
In Hamburg haben wir vor vielen Jahren gemeinsam die 3. Realschule besucht. Lag das Gebäude nicht Am Tiefen Graben 10? Es steht heute jedenfalls nicht mehr. Kannst du dich noch an unseren Geschichtslehrer(,) Herrn Eichler (,) erinnern? Dein Referat über die brandtsche/Brandt'sche Ostpolitik werde ich nie vergessen. Was haben wir gelacht! Aber du hast Recht: Mein Vortrag über die lutherschen/Luther'schen Thesen war auch nicht gerade eine Wucht. Wir waren wirklich des Öfteren schlecht vorbereitet, nicht wahr?
Gestern habe ich übrigens Sabine getroffen. Das war die Kleine, die immer ihre Zettel auf Englisch schrieb, und sie dann ans schwarze Brett heftete. Sie kommt mir immer noch etwas überdreht vor! Sie hat mich übrigens bis ins Kleinste über das geplante Klassentreffen informiert, zu dem ich dich hiermit einlade. Es soll am 24.4. stattfinden, ich werde dich im Einzelnen noch darüber informieren. Vielleicht kannst du dir diesen Tag vormerken.
Herr Biber (Biologie) wird auch anwesend sein. Weißt du noch, wie er stundenlang über den weißen Tod redete und den Schwatzenden die rote Karte zeigte? Ich habe gehört, dass er monatelang durch den Stillen Ozean gesegelt ist und jetzt Bürgermeister werden will! Aber das können wir uns ja dann von ihm selbst erzählen lassen.
Ich freue mich auf unser Wiedersehen und hoffe, dass ihr alle gesund seid!

Bis bald, dein Fritz

Regeln für die veränderte Groß- und Kleinschreibung

- Die vertraulichen Anredepronomen *du* und *ihr* mit den zugehörigen Formen werden kleingeschrieben.
- Die Grundform des Personennamens kann durch einen Apostroph verdeutlicht werden. Der Name wird dann großgeschrieben.
- Als Substantiv wird *Recht* großgeschrieben.
- Adjektive und Partizipien mit Artikel oder Artikel und Präposition in festen Wortverbindungen werden großgeschrieben.
- Bei festen Fügungen aus Adjektiv und Substantiv wird das Adjektiv generell kleingeschrieben. (Eine Großschreibung erfolgt, wenn es sich um Eigennamen handelt.)

6. Berieselung am Nachmittag

Neulich ging es mir gar nicht gut. Ich mußte mich **in acht** nehmen, denn ein Grippevirus hatte mich befallen. Mit Kopfschmerzen, leichtem Schüttelfrost und Fieber lag ich in meiner Wohnung und mußte **diät halten**. Die einzige Verbindung zur Außenwelt war das Telefon. Da jedoch alle meine Freunde und Bekannten tagsüber arbeiteten, nützte mir das über kurz oder lang nicht viel. Als meine Kopfschmerzen nach zwei Tagen etwas besser wurden, wurde mir langweilig. Ich suchte nach Beschäftigungs- und Ablenkungsmöglichkeiten, denn ich kann nicht gerade behaupten, daß Scharen von Menschen von weit und fern kamen, um mich zu besuchen.
Plötzlich blieb mein Blick an meinem Fernsehgerät hängen. Ich machte es mir mit einer Scheibe **Corned beef** im Bett bequem und drückte auf die Fernbedienung. Auf einem Kanal lief eine Sendung mit dem Titel „Musik für **jung und alt**". Da ich **in bezug auf** mein Alter irgendwo dazwischen lag und mir die Musik wahrscheinlich deshalb nicht zusagte, schaltete ich weiter. Auch die Ausführungen des Wissenschaftlers über neuste Erkenntnisse zum **Ohmschen Gesetz** und ohmschen Widerstand konnten mich jedoch nicht fesseln.
Im großen und ganzen interessierten mich die Sendungen an diesem **Montag morgen** nicht **im geringsten**. Schließlich blieb ich an einer Seifenoper hängen, in der ich schließlich nur noch **im trüben fischte**: Warum war die Blonde der Rothaarigen **feind**? Und weshalb blieb der Arzt seinem Stiefsohn nach dem Attentat immer noch **freund**?
Einzuschlafen war mir danach jedoch **ein leichtes**, und ich freute mich auf meine Telefongespräche am Abend.

6. Berieselung am Nachmittag

Neulich ging es mir gar nicht gut. Ich musste mich in Acht nehmen, denn ein Grippevirus hatte mich befallen. Mit Kopfschmerzen, leichtem Schüttelfrost und Fieber lag ich in meiner Wohnung und musste Diät halten. Die einzige Verbindung zur Außenwelt war das Telefon. Da jedoch alle meine Freunde und Bekannten tagsüber arbeiteten, nützte mir das über kurz oder lang nicht viel. Als meine Kopfschmerzen nach zwei Tagen etwas besser wurden, wurde mir langweilig. Ich suchte nach Beschäftigungs- und Ablenkungsmöglichkeiten, denn ich kann nicht gerade behaupten, dass Scharen von Menschen von weit und fern kamen um mich zu besuchen.
Plötzlich blieb mein Blick an meinem Fernsehgerät hängen. Ich machte es mir mit einer Scheibe Corned Beef/Cornedbeef im Bett bequem und drückte auf die Fernbedienung. Auf einem Kanal lief eine Sendung mit dem Titel „Musik für Jung und Alt". Da ich in Bezug auf mein Alter irgendwo dazwischen lag und mir die Musik wahrscheinlich deshalb nicht zusagte, schaltete ich weiter. Auch die Ausführungen des Wissenschaftlers über neuste Erkenntnisse zum ohmschen Gesetz und ohmschen Widerstand konnten mich jedoch nicht fesseln.
Im Großen und Ganzen interessierten mich die Sendungen an diesem Montagmorgen nicht im Geringsten. Schließlich blieb ich an einer Seifenoper hängen, in der ich schließlich nur noch im Trüben fischte: Warum war die Blonde der Rothaarigen Feind? Und weshalb blieb der Arzt seinem Stiefsohn nach dem Attentat immer noch Freund?
Einzuschlafen war mir danach jedoch ein Leichtes und ich freute mich auf meine Telefongespräche am Abend.

Regeln für die veränderte Groß- und Kleinschreibung

- Substantive in Verbindung mit einer Präposition werden großgeschrieben.
- Substantive in Verbindung mit einem Verb werden generell großgeschrieben.
- Substantivische Bestandteile im Innern mehrteiliger substantivischer Fügungen aus anderen Sprachen werden großgeschrieben.
- Paarformeln mit nicht deklinierten Adjektiven zur Bezeichnung von Personen werden großgeschrieben.
- Ableitungen von Personennamen werden generell kleingeschrieben, auch dann, wenn die persönliche Leistung gemeint ist; nicht allerdings in Eigennamen.
- Adjektive und Partizipien mit Artikel oder Artikel und Präposition in festen Wortverbindungen werden großgeschrieben.
- Verbindungen von Wochentag und Tageszeit gelten als substantivische Zusammensetzungen und werden in einem Wort großgeschrieben.
- Die Substantive *Freund* und *Feind* werden auch in Verbindung mit *sein/bleiben/werden* großgeschrieben.

7. Alle wollen zum Mars

Am 2. Dezember ist mit „Pathfinder“ der amerikanische Mars-Rover ins All transportiert worden. Wenn wir **auf dem laufenden** bleiben, dann können wir verfolgen, wie er am 4.Juli 1997 sein Ziel erreichen wird. Amerikaner, Russen und Japaner planen **bis ins kleinste** weitere Flüge.
1877 schaute der Italiener Virginio Giovanni Schiaparelli mit seinem Teleskop, dessen Auflösevermögen **um ein beträchtliches** geringer ist als das der heutigen Instrumente, in den Himmel. Die dunklen Linien, die er auf dem Planeten Mars sah, sahen aus wie kleine Wasserkanäle, die die Vorstellung der Menschen anregten: Wenn es dort oben Kanäle gab, wer hatte sie gebaut?
Auf seiten der Amerikaner haben rund 50 000 Aufnahmen von Sonden ermittelt, daß Mars zwar der erdähnlichste Planet im Sonnensystem ist, ein geeigneter Lebensraum für Pflanzen und Tiere jedoch nicht vorhanden zu sein scheint.
Seit langem konzentrieren sich die Wissenschaftler auf die Frage, ob es auf dem Mars ein Existenzminimum für Bakterien oder andere Mikroorganismen gibt, die auch auf der Erde an der Entstehung von Leben beteiligt waren. Deshalb wird **aufs genaueste** nachgeforscht, ob es auf dem **roten Planeten** Wasser gab oder vielleicht sogar immer noch gibt. Tiefe Canyons, Spuren von riesigen Überschwemmungen und kilometerdicke Eiskappen aus Trockeneis und Wassereis an den Polen deuten **im besonderen** darauf hin, daß sich vor etwa vier Milliarden Jahren riesige Ozeane, Seen, Flüsse und Wasserfälle auf dem Mars befanden.
Natürlich muß man sich darüber **im klaren** sein, daß es **im einzelnen** noch viele Unklarheiten gibt.
Und doch sagt der Chef der Nasa schon **im voraus**, daß in etwa 20 Jahren die ersten Menschen den Mars betreten werden.

7. Alle wollen zum Mars

Am 2. Dezember ist mit „Pathfinder“ der amerikanische Mars-Rover ins All transportiert worden. Wenn wir auf dem Laufenden bleiben, dann können wir verfolgen, wie er am 4.Juli 1997 sein Ziel erreichen wird. Amerikaner, Russen und Japaner planen bis ins Kleinste weitere Flüge.
1877 schaute der Italiener Virginio Giovanni Schiaparelli mit seinem Teleskop, dessen Auflösevermögen um ein Beträchtliches geringer ist als das der heutigen Instrumente, in den Himmel. Die dunklen Linien, die er auf dem Planeten Mars sah, sahen aus wie kleine Wasserkanäle, die die Vorstellung der Menschen anregten: Wenn es dort oben Kanäle gab, wer hatte sie gebaut?
Aufseiten/Auf Seiten der Amerikaner haben rund 50 000 Aufnahmen von Sonden ermittelt, dass Mars zwar der erdähnlichste Planet im Sonnensystem ist, ein geeigneter Lebensraum für Pflanzen und Tiere jedoch nicht vorhanden zu sein scheint.
Seit langem konzentrieren sich die Wissenschaftler auf die Frage, ob es auf dem Mars ein Existenzminimum für Bakterien oder andere Mikroorganismen gibt, die auch auf der Erde an der Entstehung von Leben beteiligt waren. Deshalb wird aufs Genaueste nachgeforscht, ob es auf dem Roten Planeten Wasser gab oder vielleicht sogar immer noch gibt. Tiefe Canyons, Spuren von riesigen Überschwemmungen und kilometerdicke Eiskappen aus Trockeneis und Wassereis an den Polen deuten im Besonderen darauf hin, dass sich vor etwa vier Milliarden Jahren riesige Ozeane, Seen, Flüsse und Wasserfälle auf dem Mars befanden.
Natürlich muss man sich darüber im Klaren sein, dass es im Einzelnen noch viele Unklarheiten gibt. Und doch sagt der Chef der Nasa schon im Voraus, dass in etwa 20 Jahren die ersten Menschen den Mars betreten werden.

Regeln für die veränderte Groß- und Kleinschreibung

- Adjektive oder Partizipien mit Artikel oder Artikel und Präposition in festen Wortverbindungen werden großgeschrieben.
- Am Satzanfang muss bei der Schreibung nach Doppelpunkt nicht mehr zwischen Ankündigung einerseits (bisher Großschreibung) und Zusammenfassung/Schlussfolgerung andererseits (bisher Kleinschreibung) unterschieden werden. Folgt dem Doppelpunkt ein Satz, der als ganzer Satz verstanden werden kann, dann beginnt das erste Wort immer mit einem Großbuchstaben.
- In festen adverbialen Wendungen aus „aufs“/„auf das“ und Superlativ, nach denen man mit „wie?“ fragen kann, kann das Adjektiv groß- oder kleingeschrieben werden.
- Bei festen Fügungen aus Adjektiv und Substantiv wird das Adjektiv generell kleingeschrieben. Eine Großschreibung erfolgt, wenn es sich um Eigennamen, z.B. *der Rote Planet* handelt.)

8. *Verdammter …* – Wenn Fluchen zur Krankheit wird

Einer der jüngsten Zweige der modernen Psychologie ist die Malediktologie, die Wissenschaft vom Fluchen.

Psychologen und Kommunikationswissenschaftler fanden heraus, daß 5% der Unterhaltungen am Arbeitsplatz aus Fluchen und Schimpfen besteht. **In bezug** auf die untersuchten Freizeitgespräche verdoppelt sich die Zahl sogar. Natürlich hat das Fluchen auch eine gute Seite: Das Gestikulieren und Schimpfen macht der Wut des Betreffenden Luft, bevor er handgreiflich wird und seinen Zorn auf andere Weise abreagiert. **Im übrigen** gibt es nach den Untersuchungsergebnissen an Schulen im Mittleren Westen der USA nicht **im geringsten** Unterschiede im Fluchverhalten zwischen Jungen und Mädchen. Vorbei sind die Zeiten, in denen Frauen aus Ärger oder Frust in Ohnmacht fielen. Heute schimpfen auch sie wie die Rohrspatzen. Ist uns diese Art zu fluchen **im einzelnen** bekannt, so ist **nachfolgendes** eher besorgniserregend:

Menschen, die unter dem „Tourette-Syndrom" leiden, verwenden in mündlicher und schriftlicher Sprache zwanghaft Schlüpfrigkeiten. Ungefähr 50 000 Menschen sollen davon allein in Deutschland betroffen sein. Die Zahl der Männer ist dreimal so hoch wie die der Frauen. Fluchforscher haben drei Fluchgruppen zusammengestellt: „Gotteslästerer", „Familienschänder" und „Prüde". Während **erstere** sich **im allgemeinen** die Beleidigung der Religion **zuschulden kommen** lassen, beschimpfen Mitglieder der zweiten Gruppe Familienangehörige, insbesondere die Person der Mutter.

In die letzte Gruppe gehören diejenigen, deren Flüche sich **im speziellen** mit Geschlechts- und anderen Körperteilen und deren Ausscheidungen beschäftigen.

8. *Verdammter …* – wenn Fluchen zur Krankheit wird

Einer der jüngsten Zweige der modernen Psychologie ist die Malediktologie, die Wissenschaft vom Fluchen.
Psychologen und Kommunikationswissenschaftler fanden heraus, dass 5% der Unterhaltungen am Arbeitsplatz aus Fluchen und Schimpfen besteht. In Bezug auf die untersuchten Freizeitgespräche verdoppelt sich die Zahl sogar. Natürlich hat das Fluchen auch eine gute Seite: Das Gestikulieren und Schimpfen macht der Wut des Betreffenden Luft, bevor er handgreiflich wird und seinen Zorn auf andere Weise abreagiert. Im Übrigen gibt es nach den Untersuchungsergebnissen an Schulen im Mittleren Westen der USA nicht im Geringsten Unterschiede im Fluchverhalten zwischen Jungen und Mädchen. Vorbei sind die Zeiten, in denen Frauen aus Ärger oder Frust in Ohnmacht fielen. Heute schimpfen auch sie wie die Rohrspatzen. Ist uns diese Art zu fluchen im Einzelnen bekannt, so ist Nachfolgendes eher Besorgnis erregend:
Menschen, die unter dem „Tourette-Syndrom" leiden, verwenden in mündlicher und schriftlicher Sprache zwanghaft Schlüpfrigkeiten. Ungefähr 50 000 Menschen sollen davon allein in Deutschland betroffen sein. Die Zahl der Männer ist dreimal so hoch wie die der Frauen. Fluchforscher haben drei Fluchgruppen zusammengestellt: „Gotteslästerer", „Familienschänder" und „Prüde". Während Erstere sich im Allgemeinen die Beleidigung der Religion zuschulden kommen/zu Schulden kommen lassen, beschimpfen Mitglieder der zweiten Gruppe Familienangehörige, insbesondere die Person der Mutter.
In die letzte Gruppe gehören diejenigen, deren Flüche sich im Speziellen mit Geschlechts- und anderen Körperteilen und deren Ausscheidungen beschäftigen.

Regeln für die veränderte Groß- und Kleinschreibung

- Substantive in Verbindung mit einer Präposition oder einem Verb werden großgeschrieben.
- Am Satzanfang muss bei der Schreibung nach Doppelpunkt nicht mehr zwischen Ankündigung einerseits (bisher Großschreibung) und Zusammenfassung/Schlussfolgerung andererseits (bisher Kleinschreibung) unterschieden werden. Folgt dem Doppelpunkt ein Satz, der als ganzer Satz verstanden werden kann, dann beginnt das erste Wort mit einem Großbuchstaben.
- Adjektive oder Partizipien mit Artikel oder Artikel und Präposition in festen Wortverbindungen werden großgeschrieben.
- Substantivierte Adjektive und Partizipien werden großgeschrieben.
- *Zu Schulden* kann als substantivische Fügung gebraucht werden und wird dann großgeschrieben.

II. Schreibung von Fremdwörtern (mit Abtrennung am Zeilenende)

9. Gute Vorsätze in der Umkleidekabine

Letzte Woche war sie unterwegs, um sich einen Badeanzug zu kaufen. Zu Ostern hat sie nämlich Urlaub genommen und eine Flugreise auf die Balearen gebucht. Wie ein **Delphin** im Wasser würde sie sich da fühlen!
Inmitten der schönsten Vorfreude stand sie in einer dieser gräßlichen Umkleidekabinen und blinzelte durch das grelle Neonlicht auf die Teile ihres Körpers, die nicht von dem spar-samen Stoff des Badeanzugs verdeckt waren. Statt auf kraftvolle Muskeln zu blicken, die sich wie bei einem **Panther** unter der Haut abzeichneten, blickte sie auf ihren weißen, schlaffen Körper und mußte unwillkürlich an **Mayonnaise** denken. Phantastisch/Fanta-stisch!
Ab morgen war Schluß. Im Geiste machte sie bereits eine Einkaufsliste: Sie würde sich nur noch von **Joghurt** und **Spaghetti** ohne Soße ernähren. Am Wochenende gäbe es vielleicht auch ein **Soufflé**, aber ansonsten würde sie eisern sein.
In irgendeiner Zeitschrift hatte sie vorgestern beim Zahnarzt gelesen, daß Salat aus **Chi-corée** und **Thunfisch** ebenfalls bei der Fitneß helfen würde.
Auf dem Weg zur Kasse überlegte sie, was sie nachher alles aus ihrem **Frigidaire** sortieren würde. Eigentlich machte alles fett, was sie dort in den letzten Tagen hineingestellt hatte. Nur eine Flasche **Ketchup** könnte bleiben.
Den ganzen Nachmittag brachte sie damit zu, ihre Lebensmittel zu sortieren und Speise-listen für die nächsten Wochen anzulegen. Dabei lutschte sie lediglich ein Dragée/Dragee. Ungünstigerweise wurde sie jedoch an diesem Abend nach dem **Varieté** noch in ein Re-staurant eingeladen, und alle guten Vorsätze lösten sich im Duft der üppigen Pizza in Rauch auf.

9. Gute Vorsätze in der Umkleidekabine

Letzte Woche war sie unterwegs um sich einen Badeanzug zu kaufen. Zu Ostern hat sie nämlich Urlaub genommen und eine Flugreise auf die Balearen gebucht. Wie ein Delphin/Delfin im Wasser würde sie sich da fühlen!
Inmitten der schönsten Vorfreude stand sie in einer dieser grässlichen Umkleidekabinen und blinzelte durch das grelle Neonlicht auf die Teile ihres Körpers, die nicht von dem sparsamen Stoff des Badeanzugs verdeckt waren. Statt auf kraftvolle Muskeln zu blicken, die sich wie bei einem Panther/Panter unter der Haut abzeichneten, blickte sie auf ihren weißen, schlaffen Körper und musste an Mayonnaise/Majonäse denken. Phantastisch/Fantastisch!
Ab morgen war Schluss. Im Geiste machte sie bereits eine Einkaufsliste: Sie würde sich nur noch von Joghurt/Jogurt und Spaghetti/Spagetti ohne Soße ernähren. Am Wochenende gäbe es vielleicht auch ein Soufflé/Soufflee, aber ansonsten würde sie eisern sein. In einer Zeitschrift hatte sie vorgestern beim Zahnarzt gelesen, dass Salat aus Chicorée/Schikoree und Thunfisch/Tunfisch ebenfalls bei der Fitness helfen würde.
Auf dem Weg zur Kasse überlegte sie, was sie nachher alles aus ihrem Frigidaire/Frigidär sortieren würde. Eigentlich machte alles fett, was sie dort in den letzten Tagen hineingestellt hatte. Nur eine Flasche Ketchup/Ketschup könnte bleiben.
Den ganzen Nachmittag brachte sie damit zu, ihre Lebensmittel zu sortieren und Speiselisten für die nächsten Wochen anzulegen. Dabei lutschte sie lediglich ein Dragée/Dragee. Ungünstigerweise wurde sie jedoch an diesem Abend nach dem Varieté/Varietee noch in ein Restaurant eingeladen und alle guten Vorsätze lösten sich im Duft der üppigen Pizza in Rauch auf.

Regeln für die veränderte Schreibung von Fremdwörtern

- Die neue Schreibung tritt zunächst als fakultative Nebenform neben die bisherige Schreibung.
- Die in den Wortstämmen *phon, phot und graph* bereits vorhandene *f*-Schreibung für *ph* lässt sich auf weitere Beispiele ausdehnen. (Wörter wie *Philosopie, Metapher, Sphäre und Phänomen* bleiben davon ausgenommen.)
- Wenn eine integrierte Schreibung schon bei der überwiegenden Anzahl einer Wörtergruppe vorhanden war (z.B. -ee statt -é oder ée), dann wird diese als zweite zulässige Schreibung oder als bevorzugte Variante auf alle Wörter dieser Gruppe ausgedehnt.

10. Aufträge

Als er in seinem zerbeulten Ford die nächste Kurve nahm, wäre er auf der Straße fast ins Schleudern geraten. Er richtete seine Augen auf die Fahrbahn und summte eine Strophe aus dem **Saxophonstück** mit, das im Radio lief. In einer Stunde sollte er im Theater sein. Die Geldübergabe würde sich in der Pause abspielen. Der von seiner Auftraggeberin geschickte Verbindungsmann würde als Athlet getarnt mit seinem roten Mountainbike auf ihn warten. Eddie wurde immer euphorischer bei dem Gedanken an das Geld, das in kurzer Zeit ihm allein gehören würde. Schnell tastete er mit einer Hand nach den Fotos in seinem Sakko. Ja, der dicke Umschlag steckte noch immer neben seinem **Portemonnaie**.
20 000 Eier für zwei Stunden Herumschnüffeln in der **Biographie** des **Graphologen** – leichter konnte man sein Geld einfach nicht verdienen! Es war schon traurig, daß sich die **Atmosphäre** zwischen den beiden so verschlimmert hatte, daß sie ihn beschatten ließ – aber das ging ihn ja eigentlich nichts an. **Essentiell** war nur, daß er seinen Job ausgeführt und die Bilder beisammen hatte.
Im Musikprogramm des Radiosenders gab es eine kurze Pause, in der Eddie das Husten, das aus dem Kofferraum kam, wieder deutlicher hörte. Verärgert konzentrierte er sich auf seinen abgebrochenen Daumennagel und schielte nach seinem **Nagelnecessaire**.
Ihm fiel wieder ein, daß der Mann von einem **Katarrh** gesprochen hatte. Im Handschuhfach müßte noch etwas **Myrrhentinktur** sein, die er ihm später einflößen könnte. Damit hatte er allerdings noch nicht das Problem gelöst, wie er ihn später loswerden würde. Aber hatte nicht schon seine Mutter gesagt, man solle sich immer erst auf eine Arbeit konzentrieren und dann an die nächste Sache denken?

10. Aufträge

Als er in seinem zerbeulten Ford die nächste Kurve nahm, wäre er auf der Straße fast ins Schleudern geraten. Er richtete seine Augen auf die Fahrbahn und summte eine Strophe aus dem Saxophonstück/Saxofonstück mit, das im Radio lief. In einer Stunde sollte er im Theater sein. Die Geldübergabe würde sich in der Pause abspielen. Der von seiner Auftraggeberin geschickte Verbindungsmann würde als Athlet getarnt mit seinem roten Mountainbike auf ihn warten. Eddie wurde immer euphorischer bei dem Gedanken an das Geld, das in kurzer Zeit ihm allein gehören würde. Schnell tastete er mit einer Hand nach den Fotos in seinem Sakko. Ja, der dicke Umschlag steckte noch immer neben seinem Portemonnaie/Portmonee.
20 000 Eier für zwei Stunden Herumschnüffeln in der Biographie/Biografie des Graphologen/Grafologen – leichter konnte man sein Geld einfach nicht verdienen! Es war schon traurig, dass sich die Atmosphäre zwischen den beiden so verschlimmert hatte, dass sie ihn beschatten ließ – aber das ging ihn ja eigentlich nichts an. Essenziell/Essentiell war nur, dass er seinen Job ausgeführt und die Bilder beisammen hatte.
Im Musikprogramm des Radiosenders gab es eine kurze Pause, in der Eddie das Husten, das aus dem Kofferraum kam, wieder deutlicher hörte. Verärgert konzentrierte er sich auf seinen abgebrochenen Daumennagel und schielte nach seinem Nagelnecessaire/Nagelnessessär.
Ihm fiel wieder ein, dass der Mann von einem Katarrh/Katarr gesprochen hatte. Im Handschuhfach müßte noch etwas Myrrhentinktur/Myrrentinktur sein, die er ihm später einflößen könnte. Damit hatte er allerdings noch nicht das Problem gelöst, wie er ihn später loswerden würde. Aber hatte nicht schon seine Mutter gesagt, man solle sich immer erst auf eine Arbeit konzentrieren und dann an die nächste Sache denken?

Regeln für die veränderte Schreibung von Fremdwörtern

- Die neue Schreibung tritt zunächst als fakultative Nebenform neben die bisherige Schreibung.
- Die in den Wortstämmen *phon, phot und graph* bereits vorhandene *f*-Schreibung für *ph* lässt sich auf weitere Beispiele ausdehnen. (Wörter wie *Atmosphäre, Athlet und Strophe* bleiben davon ausgenommen.)
- Wenn eine integrierte Schreibung schon bei der überwiegenden Anzahl einer Wörtergruppe vorhanden war (z.B. -ee statt -é oder ée), dann wird diese als zweite zulässige Schreibung oder als bevorzugte Variante auf alle Wörter dieser Gruppe ausgedehnt.
- *Nessessär* wird in seiner Laut-Buchstaben-Zuordnung und Endung den entsprechenden deutschen Wörtern angepasst.
- Die Schreibung mit *z* gilt entsprechend dem Substantiv gleichen Stammes auf *-enz* oder *-anz* als Hauptform. Die bisherige Schreibung mit *t* bleibt als Nebenform erhalten.
- *rh* wird in einigen Wörtern griechisch-lateinischen Ursprungs durch *r* ersetzt. Beide Schreibweisen sind zulässig.

11. Phantasien

Schon als kleines Mädchen summte Martha immer die Strophen jedes Liedes mit, das sie irgendwo aufgeschnappt hatte. War sie übermütig aufgelegt, so schleuderte sie die Töne nur so von sich. Die Leute auf der Straße sahen ihr kopfschüttelnd hinterher. Ihre Eltern schlossen die Tür, und der kleine Bruder hielt sich die Ohren zu.
In ihrer **Phantasie** sah sie sich als berühmte Operndiva, die in schönstem Sopran leicht-füßig wie ein **Panther** über weltbekannte Bühnen schwebte und ihr Publikum entzückte. Mit **Bravour** meisterte sie auch die schwierigste Partitur und ließ sich vom Hagel der Blitz-lichter berühmter **Photographen** nicht beirren. **Biographen** aller Länder rissen sich dar-um, ein Buch über sie zu schreiben zu dürfen.
Auch als sie schon in Seminaren und Hörsälen Vorträgen und Vorlesungen über Aristoteles und Platon lauschte, schweiften ihre Gedanken immer von der Philosophie ab und hin zu vollen Konzertsälen, in deren aufregender Atmosphäre sie der gefeierte Mittelpunkt des Abends war.
Sie hatte zumindest das **Potential** zu einer **Chansonniere**, davon war sie überzeugt.
War Martha in späteren Jahren abends endlich fertig mit ihren **Exposés** für die Universität, an der sie angestellt war, machte sie es sich gemütlich. Sie streckte sich mit eingeöltem **Dekolleté** in einem geblümten **Negligé** auf ihrer Couch aus und bediente sich großzügig aus einer **Bonbonniere**. In diesen stillen Momenten betrachtete sie die **Graphiken**, die überall an den Wänden ihres Hauses hingen. Dabei dachte sie an den Teil ihrer Persönlich-keit, der eigentlich Sängerin werden wollte, und trällerte leise vor sich hin.

11. Phantasien/Fantasien

Schon als kleines Mädchen summte Martha immer die Strophen jedes Liedes mit, das sie irgendwo aufgeschnappt hatte. War sie übermütig aufgelegt, so schleuderte sie die Töne nur so von sich. Die Leute auf der Straße sahen ihr kopfschüttelnd hinterher. Ihre Eltern schlossen die Tür und der kleine Bruder hielt sich die Ohren zu.
In ihrer Phantasie/Fantasie sah sie sich als berühmte Operndiva, die in schönstem Sopran leichtfüßig wie ein Panther/Panter über weltbekannte Bühnen schwebte und ihr Publikum entzückte. Mit Bravour/Bravur meisterte sie auch die schwierigste Partitur und ließ sich vom Hagel der Blitzlichter berühmter Photographen/Fotografen nicht beirren. Biographen/Biografen aller Länder rissen sich darum, ein Buch über sie schreiben zu dürfen.

Auch als sie schon in Seminaren und Hörsälen Vorträgen und Vorlesungen über Aristoteles und Platon lauschte, schweiften ihre Gedanken immer von der Philosophie ab und hin zu vollen Konzertsälen, in deren aufregender Atmosphäre sie der gefeierte Mittelpunkt des Abends war.
Sie hatte zumindest das Potenzial/Potential zu einer Chansonniere/Chansoniere, davon war sie überzeugt.
War Martha in späteren Jahren abends endlich fertig mit ihren Exposés/Exposees für die Universität, an der sie angestellt war, machte sie es sich gemütlich. Sie streckte sich mit eingeöltem Dekolleté/Dekolletee in einem geblümten Negligé/Negligee auf ihrer Couch aus und bediente sich großzügig aus einer Bonbonniere/Bonboniere. In diesen stillen Momenten betrachtete sie die Graphiken/Grafiken, die überall an den Wänden ihres Hauses hingen. Dabei dachte sie an den Teil ihrer Persönlichkeit, der eigentlich Sängerin werden wollte, und trällerte leise vor sich hin.

Regeln für die veränderte Schreibweise von Fremdwörtern

- Die neue Schreibung tritt zunächst als fakultative Nebenform neben die bisherige Schreibung.
- Das stumme *h* entfällt bei einigen Wörtern griechisch-lateinischer Herkunft.
- *Bravur* wird in seiner Laut-Buchstaben-Zuordnung den entsprechenden deutschen Wörtern angepasst.
- Die in den Wortstämmen *phon, phot und graph* bereits vorhandene *f*-Schreibung für *ph* lässt sich auf weitere Beispiele ausdehnen. (Wörter wie *Atmosphäre, Athlet und Strophe* bleiben davon ausgenommen.)
- Die Schreibung mit *z* gilt entsprechend dem Substantiv gleichen Stammes auf *-enz* oder *-anz* als Hauptform. Die bisherige Schreibung mit *t* bleibt als Nebenform erhalten.
- Wenn eine integrierte Schreibung schon bei der überwiegenden Anzahl einer Wörtergruppe vorhanden war (z.B. *-ee* statt *-é* oder *ée*), dann wird diese als zweite zulässige Schreibung oder als bevorzugte Variante auf alle Wörter dieser Gruppe ausgedehnt.
- *Bonboniere* (von *Bonbon*) und *Chansonier* (von *Chanson)* gehören zu den Einzelfällen. Hier erfolgt eine Reduzierung des Doppelkonsonanten *nn* auf *n*.

12. Inseln der Ruhe

Haben Sie häufig Rückenschmerzen oder Magenprobleme? Leiden Sie unter Verspannungen oder inneren Unruhezuständen? Eine Vielzahl von staatlichen und privaten Instituten und Einrichtungen bietet Abhilfe in Form von Kursen, Workshops und Seminaren an.
Der Entspannungsmarkt boomt. Fast täglich kann man **Paragraphen** in aktuellen Büchern und Zeitschriften über Theorien und Techniken zum Thema Entspannung lesen.
Die Symptome anhaltender Überanstrengung in all ihren **Facetten** gehören zu den häufigsten Gesundheitsstörungen. Ärzte verschreiben Medikamente, Massagen oder eine Kur, raten aber immer wieder zu mehr Ruhe und Entspannung im Alltag.
Gemeint ist ein harmonischer Ausgleich zwischen Beanspruchen und Loslassen des Körpers. Und auch der Geist braucht seine Pausen. Die Voraussetzungen dafür liegen in der gleichmäßigen An- und Entspannung von Muskeln, die wir als Atem und Herzschlag spüren. Im Streß helfen uns besondere Hormone **substantiell**, die belastende Situation ohne Krankheit zu bewältigen. Dem heutigen Lebensrhythmus vieler Menschen sind die körpereigenen Schutzmechanismen jedoch oftmals nicht mehr gewachsen. Immer mehr Menschen **pushen** sich zu künstlicher Hochspannung. Der hektische Takt treibt ihren Blutdruck hoch und läßt die Atmung hastig und flach werden. Diese ständige Alarmbereitschaft ist unnötig und kostet den Körper **existentielle** Kraft. Krankheitserreger können nicht mehr so effizient abgewehrt werden.
Streß erschöpft also nicht nur, man wird auch leichter krank. Das ist keine **Platitüde**!
Schaffen Sie daher Inseln der Ruhe in Ihrem Alltag, spielen Sie **Rommé** statt Fallschirmspringen und denken Sie daran: Sie sind nicht aus **Pappmaché**, das schnell zu reparieren ist.

12. Inseln der Ruhe

Haben Sie häufig Rückenschmerzen oder Magenprobleme? Leiden Sie unter Verspannungen oder inneren Unruhezustände? Eine Vielzahl von staatlichen und privaten Instituten und Einrichtungen bietet Abhilfe in Form von Kursen, Workshops und Seminaren an.
Der Entspannungsmarkt boomt. Fast täglich kann man Paragraphen/Paragrafen in aktuellen Büchern und Zeitschriften über Theorien und Techniken zum Thema Entspannung lesen.
Die Symptome anhaltender Überanstrengung in all ihren Facetten/Fassetten gehören zu den häufigsten Gesundheitsstörungen. Ärzte verschreiben Medikamente, Massagen oder eine Kur, raten aber immer wieder zu mehr Ruhe und Entspannung im Alltag.
Gemeint ist ein harmonischer Ausgleich zwischen Beanspruchen und Loslassen des Körpers. Und auch der Geist braucht seine Pausen. Die Voraussetzungen dafür liegen in der gleichmäßigen An- und Entspannung von Muskeln, die wir als Atem und Herzschlag spüren. Im Stress helfen uns besondere Hormone substanziell/substantiell(,) die belastende Situation ohne Krankheit zu bewältigen. Dem heutigen Lebensrhythmus vieler Menschen sind die körpereigenen Schutzmechanismen jedoch oftmals nicht mehr gewachsen. Immer mehr Menschen pushen/puschen sich zu künstlicher Hochspannung. Der hektische Takt treibt ihren Blutdruck hoch und lässt die Atmung hastig und flach werden. Diese ständige Alarmbereitschaft ist unnötig und kostet den Körper existenzielle/existentielle Kraft. Krankheitserreger können nicht mehr so effizient abgewehrt werden.
Stress erschöpft also nicht nur, man wird auch leichter krank. Das ist keine Platitüde/Plattitüde!
Schaffen Sie daher Inseln der Ruhe in Ihrem Alltag, spielen Sie Rommé/Rommee statt Fallschirmspringen und denken Sie daran: Sie sind nicht aus Pappmaché/Pappmaschee, das schnell zu reparieren ist.

Regeln für die veränderte Schreibweise von Fremdwörtern

- Die neue Schreibung tritt zunächst als fakultative Nebenform neben die bisherige Schreibung.
- Die in den Wortstämmen *phon, phot und graph* bereits vorhandene *f*-Schreibung für *ph* lässt sich auf weitere Beispiele ausdehnen.
- Die Schreibung mit *z* gilt entsprechend dem Substantiv gleichen Stammes auf *-enz* oder *-anz* als Hauptform. Die bisherige Schreibung mit *t* bleibt als Nebenform erhalten.
- Wenn eine integrierte Schreibung schon bei der überwiegenden Anzahl einer Wörtergruppe vorhanden war (z.B. *-ee* statt *-é* oder *ée*), dann wird diese als zweite zulässige Schreibung oder als bevorzugte Variante auf alle Wörter dieser Gruppe ausgedehnt.
- In Wörtern wie *Facette* verändert sich *c* zu *ss*, was der Laut-Buchstaben-Zuordnung der entsprechenden deutschen Wörter bzw. eingedeutschter Wörter (z.B. *Kassette*) entspricht.
- Laut-Buchstaben-Zuordnungen liegen auch bei *puschen* und *Plattitüde* (zu *platt*) vor.

13. Urlaub im Club

Letzten Sommer haben wir Urlaub auf einer Insel in Westafrika gemacht.
In der Anlage wurden die Insassen unserer Chartermaschine sofort von einer **Big Band** begrüßt. Einer der sechs **charmanten** Animateure verwickelte uns gleich in einen **Small Talk** über das Buffet.
Ich freute mich auf die Sonne, die meinen **Hämorrhoiden** sicherlich gut bekommen würde. Das Geräusch der Wellen zog mich an wie ein **Ma-gnet**. Doch kaum hatte ich am **clubeigenen** Palmenstrand in dem Trubel ein Eckchen gefunden, in das mein Handtuch noch paßte, kam meine Frau aufgeregt angerannt und bugsierte mich zum Willkommensfest für die neuen Gäste. Ich fand das weniger **in-ter-es-sant**, da ich eher ein **Fai-ble** für Bücher habe.
Wenige Minuten später war ich umzingelt von lachenden Gesichtern. Sie gehörten Menschen, die sich jauchzend an den Händen hielten und auf ein **Si-gnal** des Animateurs hin alle beweglichen Gliedmaßen von sich streckten. Fast wäre ich dabei an einen als Trommel getarnten **Hy-dran-ten** gestoßen.
Danach stürzten sich alle auf das Essen. Hatten sie seit **Fe-bru-ar** nichts Eßbares mehr gesehen? Jeder **Päd-ago-ge** wäre entsetzt gewesen!
In den nächsten Tagen staunten wir darüber, was einem alles geboten wurde. Die Animateure waren an Ideenreichtum nicht zu überbieten und erfanden sogar einen **Sketch** mit **He-li-ko-ptern**! Zu diesem Zeitpunkt hatte ich bereits seit drei Tagen nicht mehr als drei Wörter mit meiner Frau gesprochen. Wir waren entweder zu beschäftigt oder zu träge und müde nach den unzähligen Gängen zum Buffet. Beim **Happy End** im **Clubkino** am letzten Abend merkten wir plötzlich beide, daß sich etwas zwischen uns verändert hatte.
In dieser Minute wußten wir, daß es ein Leben nach dem **Cluburlaub** gab!
Wir würden wiederkommen – allein – und am Strand essen, lesen und den **Charme** der *ganzen* Insel erkunden.

13. Urlaub im Club/Klub

Letzten Sommer haben wir Urlaub auf einer Insel in Westafrika gemacht.
In der Anlage wurden die Insassen unserer Chartermaschine sofort von einer Big Band/Bigband begrüßt. Einer der sechs charmanten/scharmanten Animateure verwickelte uns gleich in einen Small Talk/Smalltalk über das Buffet.
Ich freute mich auf die Sonne, die meinen Hämorrhoiden/Hämorriden sicherlich gut bekommen würde. Das Geräusch der Wellen zog mich an wie ein Ma-gnet/Mag-net. Doch kaum hatte ich am clubeigenen/klubeigenen Palmenstrand in dem Trubel ein Eckchen gefunden, in das mein Handtuch noch passte, kam meine Frau aufgeregt angerannt und bugsierte mich zum Willkommensfest für die neuen Gäste. Ich fand das weniger in-ter-es-sant/in-te-res-sant, da ich eher ein Fai-ble/Faib-le für Bücher habe.
Wenige Minuten später war ich umzingelt von lachenden Gesichtern. Sie gehörten Menschen, die sich jauchzend an den Händen hielten und auf ein Si-gnal/Sig-nal des Animateurs hin alle beweglichen Gliedmaßen von sich streckten. Fast wäre ich dabei an einen als Trommel getarnten Hy-dran-ten/Hyd-ran-ten gestoßen.
Danach stürzten sich alle auf das Essen. Hatten sie seit Fe-bru-ar/Feb-ru-ar nichts Essbares mehr gesehen? Jeder Pä-da-go-ge wäre entsetzt gewesen!
In den nächsten Tagen staunten wir darüber, was einem alles geboten wurde. Die Animateure waren an Ideenreichtum nicht zu überbieten und erfanden sogar einen Sketch/Sketsch mit He-li-ko-ptern/He-li-kop-tern! Zu diesem Zeitpunkt hatte ich bereits seit drei Tagen nicht mehr als drei Wörter mit meiner Frau gesprochen. Wir waren entweder zu beschäftigt oder zu träge und müde nach den unzähligen Gängen zum Buffet. Beim Happy End/Happyend im Clubkino/Klubkino am letzten Abend merkten wir plötzlich beide, dass sich etwas zwischen uns verändert hatte.
In dieser Minute wussten wir, dass es ein Leben nach dem Cluburlaub/Kluburlaub gab!
Wir würden wiederkommen – allein – und am Strand essen, lesen und den Charme/Scharme der *ganzen* Insel erkunden.

Regeln für die veränderte Schreibweise von Fremdwörtern und ihrer Trennung am Zeilenende

- Die neue Schreibung tritt zunächst als fakultative Nebenform neben die bisherige Schreibung.
- Tendenziell wird die Schreibweise der Fremdwörter der Laut-Buchstaben-Zuordnung des Deutschen weiter angepasst (z.B. *Scharme*, *Sketsch*), einige Fremdwörter behalten aber ihre alte Schreibung bei (z.B. *Theorie*).
- Verbindungen aus zwei Substantiven werden verstärkt zusammengeschrieben (*Happyend*).
- *rh* wird in einigen Wörter griechisch-lateinischen Ursprungs durch *r* ersetzt.
- Die fremdsprachige Schreibung *Club* wird gegenüber der erlaubten deutschen Schreibweise *Klub* bevorzugt.
- Fremdwörter trennt man wie deutsche Wörter nach ihren Bestandteilen. Erkennt man die Wortbausteine nicht, so können fremdsprachliche Wörter wie deutsche Wörter getrennt werden.
- Konsonantenverbindungen mit *l*, *n* und *r* können getrennt werden oder ungetrennt bleiben.

III. Laut-Buchstaben-Zuordnungen

14. Ingwer-Haselnuß-Brot

Zuerst **muß** man 450 g dunklen Kuchensirup, 200 g Butter und 70 g Honig erhitzen und die Masse kalt werden lassen. 30 g der **Haselnußkerne** werden mit Muße in einer trockenen Pfanne unter Wenden zehn Minuten goldbraun geröstet. Anschließend schüttet man die Kerne in ein Sieb und **läßt** sie erkalten. Dann wird 200 g kandierter Ingwer grob gehackt und 50 g davon beiseite gelegt. Damit wird später das Brot verziert. Im **Anschluß** werden 250 g Mehl und 250 g Roggenmehl, der gehackte Ingwer, die restlichen **Haselnußkerne**, ein Teelöffel Backpulver und zwei Teelöffel geriebene Zitronenschale gemischt. Eier und Milch werden **bewußt** verquirlt und unter die Sirup-Mischung gerührt, die nun eine mittlere **Zäheit** erreicht hat. Die Mehlmischung wird untergerührt, **so daß** die Masse in eine gefettete und mit Mehl bestäubte Kastenform gefüllt werden kann. **Gewiß** kann man auch weitere Gewürze und Früchte oder etwas Rum unter den Teig rühren, um der Mischung eine besondere Note zu geben.

Im Ofen soll das Brot bei 150 Grad eine Stunde **selbständig** backen. Zum **Schluß** wird es mit Alufolie abgedeckt und weitere 75 Minuten im Ofen gelassen. Das Brot wird zum Abkühlen auf ein Kuchengitter gestellt und dann gestürzt. 50 g halbbittere Kuvertüre und 75 g dunkle Kuchenglasur löst man im Wasserbad auf und bestreicht den Kuchen damit. Die grobgehackten, gerösteten **Haselnußkerne** ohne Haut und der Rest des gehackten Ingwers bilden den **Zierat** auf der Kuvertüre, die noch **ein bißchen** flüssig ist.

Ingwer-Haselnuß-Brot ist auch nach mehreren Tagen noch **eßbar**. Am besten halten Sie es in einer Plastikschüssel mit Deckel oder in Alufolie frisch, dann hat es noch lange den richtigen **Biß**.

14. Ingwer-Haselnuss-Brot

Zuerst muss man 450 g dunklen Kuchensirup, 200 g Butter und 70 g Honig erhitzen und die Masse kalt werden lassen. 30 g der Haselnusskerne werden mit Muße in einer trockenen Pfanne unter Wenden zehn Minuten goldbraun geröstet. Anschließend schüttet man die Kerne in ein Sieb und lässt sie erkalten. Dann wird 200 g kandierter Ingwer grob gehackt und 50 g davon beiseite gelegt. Damit wird später das Brot verziert. Im Anschluss werden 250 g Mehl und 250 g Roggenmehl, der gehackte Ingwer, die restlichen Haselnusskerne, ein Teelöffel Backpulver und zwei Teelöffel geriebene Zitronenschale gemischt. Eier und Milch werden bewusst verquirlt und unter die Sirup-Mischung gerührt, die nun eine mittlere Zähheit erreicht hat. Die Mehlmischung wird untergerührt, so dass die Masse in eine gefettete und mit Mehl bestäubte Kastenform gefüllt werden kann. Gewiss kann man auch weitere Gewürze und Früchte oder etwas Rum unter den Teig rühren um der Mischung eine besondere Note zu geben
Im Ofen soll das Brot bei 150 Grad eine Stunde selbständig/selbstständig backen. Zum Schluss wird es mit Alufolie abgedeckt und weitere 75 Minuten im Ofen gelassen. Das Brot wird zum Abkühlen auf ein Kuchengitter gestellt und dann gestürzt. 50 g halbbittere Kuvertüre und 75 g dunkle Kuchenglasur löst man im Wasserbad auf und bestreicht den Kuchen damit. Die grobgehackten, gerösteten Haselnusskerne ohne Haut und der Rest des gehackten Ingwers bilden den Zierrat auf der Kuvertüre, die noch ein bisschen flüssig ist. Ingwer-Haselnuss-Brot ist auch nach mehreren Tagen noch essbar. Am besten halten Sie es in einer Plastikschüssel oder in Alufolie frisch, dann hat es noch lange den richtigen Biss.

Regeln für die veränderte Schreibweise von Laut-Buchstaben-Zuordnungen

- Insgesamt sollen Verstöße gegen das Stammprinzip beseitigt werden. Die gleiche Schreibung eines Wortstammes in allen Wörtern einer Wortfamilie soll sichergestellt werden.
- Nach kurzem Vokal steht konsequent *ss* für *ß*. (*ß* steht nur noch nach den Buchstaben für Langvokale (*Maß*) und Doppellaute (*Füße*).)
- Bei Wörtern, die auf *-heit* enden, bleibt ein vorausgehendes *h* erhalten.
- Neben *selbständig* wird auch die Schreibung *selbstständig (selbst* und *ständig)* akzeptiert.
- Regelentsprechend wird auch *dass* als Konjunktion mit *ss* geschrieben, so dass/sodass die Unterscheidung zwischen Konjunktion und Artikel bzw. Relativpronomen erhalten bleibt.
- Bei Zusammensetzungen bleibt die Stammschreibung erhalten.

15. Wozu noch Bücher?

Laut Meinungsumfragen haben Kinder immer weniger Lust zu lesen. So gaben rund ein Drittel der befragten Schüler (14 Jahre) an, **daß** ihnen das Lesen (meist im **Schrittempo**) schwerfällt. Von den befragten **Drittkläßlern** lesen 15% sogar so gut wie nie. Sie greifen lieber zur Fernbedienung statt zum Buch. In Gesprächen mit den Lehrern dieser Schüler stellt sich heraus, **daß** sie fast 20% ihrer Schüler am **Schluß** der neunten Klasse als „lesefeindlich" bezeichnen. Die Schüler hätten kein **Quentchen** Lust, sich mit Büchern zu befassen.
Handelt es sich bei dieser Umfrage um einen Einzelfall, oder **entläßt** die Schule wirklich immer mehr Menschen mit enormen Leseschwierigkeiten – sogenannte „sekundäre Analphabeten"?
Was geben elektronische Medien, allen voran das Fernsehen, den Kindern, was sie in Büchern nicht bekommen?
Gewiß scheint die oftmals **überschwengliche** Bilderwelt des Fernsehens mit ihren starken Reizen auf den ersten Blick viel faszinierender als die **aufwendigere** Lektüre. Mit dem Buch ist der Leser allein, denn Gespräche über Bücher finden in Familien selten statt. Eine Sendung schauen sich viele jedoch mit anderen Familienangehörigen an und sprechen dabei oder danach über die Inhalte.
Und doch beruht unser Wissen überwiegend darauf, **daß** wir Gelesenes aktiv aufnehmen, uns etwas „er-lesen". Fernsehen dagegen ist meistens nur ein Konsum ohne Lernprozesse, denn es werden keine Übungen angeschlossen.
Abschließend **läßt** sich anmerken, **daß** Lese-Kinder sich insgesamt besser konzentrieren und Informationen besser nutzen können als Fernseh-Kinder.
Ein Mensch, der in einer Informationsgesellschaft aber nicht richtig lesen und schreiben kann, fühlt sich ständig ausgeschlossen.

15. Wozu noch Bücher?

Laut Meinungsumfragen haben Kinder immer weniger Lust zu lesen. So gaben rund ein Drittel der befragten Schüler (14 Jahre) an, dass ihnen das Lesen (meist im Schritttempo) schwerfällt. Von den befragten Drittklässlern lesen 15% sogar so gut wie nie. Sie greifen lieber zur Fernbedienung statt zum Buch. In Gesprächen mit den Lehrern dieser Schüler stellt sich heraus, dass sie fast 20% ihrer Schüler am Schluss der neunten Klasse als „lesefeindlich" bezeichnen. Die Schüler hätten kein Quäntchen Lust sich mit Büchern zu befassen.
Handelt es sich bei dieser Umfrage um einen Einzelfall oder entlässt die Schule wirklich immer mehr Menschen mit enormen Leseschwierigkeiten – sogenannte „sekundäre Analphabeten"?
Was geben elektronische Medien, allen voran das Fernsehen, den Kindern, was sie in Büchern nicht bekommen?
Gewiss scheint die oftmals überschwängliche Bilderwelt des Fernsehens mit ihren starken Reizen auf den ersten Blick viel faszinierender als die aufwendigere/aufwändigere Lektüre. Mit dem Buch ist der Leser allein, denn Gespräche über Bücher finden in Familien selten statt. Eine Sendung schauen sich viele jedoch mit anderen Familienangehörigen an und sprechen dabei oder danach über die Inhalte.
Und doch beruht unser Wissen überwiegend darauf, dass wir Gelesenes aktiv aufnehmen, uns etwas „er-lesen". Fernsehen dagegen ist meistens nur ein Konsum ohne Lernprozesse, denn es werden keine Übungen angeschlossen.
Abschließend lässt sich anmerken, dass Lese-Kinder sich insgesamt besser konzentrieren und Informationen besser nutzen können als Fernseh-Kinder.
Ein Mensch, der in einer Informationsgesellschaft aber nicht richtig lesen und schreiben kann, fühlt sich ständig ausgeschlossen.

Regeln für die veränderte Schreibweise von Laut-Buchstaben-Zuordnungen

- Nach kurzem Vokal steht konsequent ss statt bisher ß.
- Wenn in Zusammensetzungen drei gleiche Konsonantenbuchstaben zusammentreffen, dann bleiben alle drei erhalten (aber: *dennoch, Mittag, Drittel*).
- Für eine Reihe von Einzelfällen ist beschlossen worden, durch die Schreibung mit dem Umlautbuchstaben *ä* die Zugehörigkeit zu der entsprechenden Wortfamilie graphisch zu verdeutlichen (*Quäntchen* zu *Quantum*, *überschwänglich* zu *Überschwang*).
- Beide Schreibungen werden akzeptiert: *aufwendig* zu *aufwenden* und *aufwändig* zu *Aufwand*.

16. Die Welt des Charles Dickens

Emporkömmlinge und Snobs stolzieren durch die Seiten seiner Romane. Tagediebe, Faulenzer, **Tolpatsche** und Kleinkriminelle schleichen durch die dunklen Gassen und bewegen sich durch die verschachtelte Handlung, die in einem düsteren Viertel Londons spielt. Den königlichen Pomp, den Aufschwung der schönen Künste und der Wissenschaft, den man mit der glanzvollen Epoche Königin Victorias verbindet, scheint es nie gegeben zu haben.
In schaurigen Szenen hungert ein **verbleuter** Oliver Twist im Armenhaus. Eine schmutzige, träge Brühe mit Namen Themse fließt dahin, während die **rauhen** Zustände in Slums und Gefängnissen immer grausamer werden.
Dickens beschreibt die Gesichter und die **Roheit** von Trunkenbolden und Menschenschindern und armselige Geschöpfe, die sich vielleicht zu einer **Schenke** durch das weiße Gespenst des Nebels **schneuzen**.
Wie kein anderer hielt Dickens die Eindrücke seiner Zeit in seinen Werken fest.
In rasantem Tempo verdreifachte sich in diesen Jahren die Bevölkerungszahl Londons. Ein Menschenleben zählte kaum ein **Quentchen**, und eine Münze in der Tasche konnte über Tod und Leben entscheiden. Das Empire breitete sich derzeit **behende** über ein Fünftel des Erdballs aus, dennoch lebte jeder dritte Bürger unter der Armutsgrenze.
Dickens selbst lebte von 1812 bis 1870 und verbrachte fast sein ganzes Leben in der **Zäheit** Londons. Schon als Zwölfjähriger **mußte** er in einer Schuhwichse-Fabrik Geld verdienen. Einige Jahre später arbeitete er als Bürobote, dann als Reporter. Seine sozialkritischen und sehr unterhaltsam **verfaßten** Geschichten veröffentlichte er zunächst in Fortsetzungen. Dickens schaffte damit den Durchbruch, **so daß** er sich später als wohlhabend und reich bezeichnen konnte.
Der größte englische Romancier starb im Alter von 58 Jahren über einem Manuskript, das er gerade beenden wollte.

16. Die Welt des Charles Dickens

Emporkömmlinge und Snobs stolzieren durch die Seiten seiner Romane. Tagediebe, Faulenzer, Tollpatsche und Kleinkriminelle schleichen durch die dunklen Gassen und bewegen sich durch die verschachtelte Handlung, die in einem düsteren Viertel Londons spielt. Den königlichen Pomp, den Aufschwung der schönen Künste und der Wissenschaft, den man mit der glanzvollen Epoche Königin Victorias verbindet, scheint es nie gegeben zu haben.
In schaurigen Szenen hungert ein verbläuter Oliver Twist im Armenhaus. Eine schmutzige, träge Brühe mit Namen Themse fließt dahin, während die rauen Zustände in Slums und Gefängnissen immer grausamer werden.
Dickens beschreibt die Gesichter und die Rohheit von Trunkenbolden und Menschenschindern und armselige Geschöpfe, die sich vielleicht zu einer Schenke/Schänke durch das weiße Gespenst des Nebels schnäuzen.
Wie kein anderer hielt Dickens die Eindrücke seiner Zeit in seinen Werken fest.
In rasantem Tempo verdreifachte sich in diesen Jahren die Bevölkerungszahl Londons. Ein Menschenleben zählte kaum ein Quäntchen und eine Münze in der Tasche konnte über Tod und Leben entscheiden. Das Empire breitete sich derzeit behände über ein Fünftel des Erdballs aus, dennoch lebte jeder dritte Bürger unter der Armutsgrenze.
Dickens selbst lebte von 1812 bis 1870 und verbrachte fast sein ganzes Leben in der Zähheit Londons. Schon als Zwölfjähriger musste er in einer Schuhwichse-Fabrik Geld verdienen. Einige Jahre später arbeitete er als Bürobote, dann als Reporter. Seine sozialkritischen und sehr unterhaltsam verfassten Geschichten veröffentlichte er zunächst in Fortsetzungen. Dickens schaffte damit den Durchbruch, so dass er sich später als wohlhabend und reich bezeichnen konnte.
Der größte englische Romancier starb im Alter von 58 Jahren über einem Manuskript, das er gerade beenden wollte.

Regeln für die veränderte Schreibweise von Laut-Buchstaben-Zuordnungen

- In einigen Wörtern, die heute einer Wortfamilie zugeordnet werden, sollen Konsonantenbuchstaben im Interesse der Angleichung an die Stammschreibung und die Regel zur Kurzvokalkennzeichnung verdoppelt werden (obwohl in den Beispielen *platzieren* und *Tollpatsch* die Zuordnung historisch eigentlich nicht zutrifft).
- Für eine Reihe von Einzelfällen ist beschlossen worden, durch die Schreibung mit dem Umlautbuchstaben *ä* die Zugehörigkeit zu der entsprechenden Wortfamilie grafisch zu verdeutlichen (*verbleuen* zu *blau*, *schnäuzen* zu *Schnauze*, *behände* zu *Hand*).
- In Einzelfällen erfolgt eine Systematisierung: So wurden die Schreibungen *rauh* und *Känguruh* zu *rau* und *Känguru* geändert.
- Im Sinne der Erhaltung der Stammschreibung bei Zusammensetzungen bleibt auch bei der Endung *-heit* ein vorausgehendes *h* erhalten.
- Beide Schreibungen werden akzeptiert: *Schenke* zu *ausschenken* und *Schänke* zu *Schank*.
- Nach kurzem Vokal steht konsequent ss anstatt ß, so dass/sodass die Unterscheidung zwischen Konjunktion und Artikel bzw. Relativpronomen erhalten bleibt.

17. Ufos!

Ich aß gerade ein **Karamelbonbon**, als das Telefon klingelte.
Die Stimme meiner Freundin Sabine überschlug sich fast vor Aufregung:
„Um Gottes Willen! Wo bleibst du denn? Du **mußt** sofort zu mir kommen – aber schnell…“
Dann ging ihre Stimme in ein Gurgeln über, und ich konnte sie nicht mehr verstehen.
Plötzlich war es still in der Leitung. **Behende** lief ich in die Küche und schaltete den Herd aus, auf dem eine **wäßrige** Brühe köchelte. Dann nahm ich aus einer meiner **numerierten** Schubladen meine Schlüssel und **plazierte** meine Pistole neben eine Packung Taschentücher in meiner Tasche.
Wie ein **Känguruh** hüpfte ich von meinem Auto zu Sabines Haus und klingelte Sturm. Kreidebleich öffnete sie mir die Tür, und ich **mußte** ihr in das verdunkelte Wohnzimmer folgen.
Sie zeigte auf den Himmel hinter der Scheibe und flüsterte immer wieder:
„Ufos! Uuuufos!“ Und dann sah ich die tanzenden Lichtpünktchen selbst. Sie waren so hell, **daß** man den **Fluß** am Rande des Gartens sehen konnte. Hinter den **Stoffetzen** der Gardine standen wir eine Weile und starrten in den Himmel. Sabine wollte die Polizei alarmieren, aber ich **haßte** meine Angst und wollte **selbständig** auf die Ursache für das geheimnisvolle Leuchten kommen. Irgendwann jedoch schlief ich vor lauter Erschöpfung ein und wachte erst ziemlich **belemmert** auf, als mein Kopf gegen den **Mop** hinter dem Vorhang stieß.
Es war bereits hell, Sabine gab mir lachend einen **Kuß** und beteuerte, **daß** sich alles aufgeklärt hatte.
Doch woher kam dann das grüne Leuchten in ihren Pupillen?

17. Ufos!

Ich aß gerade ein Karamellbonbon, als das Telefon klingelte.
Die Stimme meiner Freundin Sabine überschlug sich fast vor Aufregung:
„Um Gottes Willen! Wo bleibst du denn? Du musst sofort zu mir kommen- aber schnell…“
Dann ging ihre Stimme in ein Gurgeln über und ich konnte sie nicht mehr verstehen.
Plötzlich war es still in der Leitung. Behände lief ich in die Küche und schaltete den Herd aus, auf dem eine wässrige Brühe köchelte. Dann nahm ich aus einer meiner nummerierten Schubladen meine Schlüssel und platzierte meine Pistole neben eine Packung Taschentücher in meiner Tasche.
Wie ein Känguru hüpfte ich von meinem Auto zu Sabines Haus und klingelte Sturm. Kreidebleich öffnete sie mir die Tür und ich musste ihr in das verdunkelte Wohnzimmer folgen.
Sie zeigte auf den Himmel hinter der Scheibe und flüsterte immer wieder:
„Ufos! Uuuufos!“ Und dann sah ich die tanzenden Lichtpünktchen selbst. Sie waren so hell, dass man den Fluss am Rande des Gartens sehen konnte. Hinter den Stofffetzen der Gardine standen wir eine Weile und starrten in den Himmel. Sabine wollte die Polizei alarmieren, aber ich hasste meine Angst und wollte selbständig/selbstständig auf die Ursache für das geheimnisvolle Leuchten kommen. Irgendwann jedoch schlief ich vor lauter Erschöpfung ein und wachte erst ziemlich belämmert auf, als mein Kopf gegen den Mopp hinter dem Vorhang stieß.
Es war bereits hell, Sabine gab mir lachend einen Kuss und beteuerte, dass sich alles aufgeklärt hatte.
Doch woher kam dann das grüne Leuchten in ihren Pupillen?

Regeln für die veränderte Schreibweise von Laut-Buchstaben-Zuordnungen

- In einigen Wörtern, die heute einer Wortfamilie zugeordnet werden, sollen Konsonantenbuchstaben im Interesse der Angleichung an die Stammschreibung und die Regel zur Kurzvokalkennzeichnung verdoppelt werden (*Karamell* zu *Karamelle*, *platzieren* zu *Platz*, *nummerieren* zu *Nummer* – aber: *enumerieren, pränumerieren* usw. –, *Mopp* zu *moppen).*
- Nach kurzem Vokal steht konsequent ss statt bisher ß.
- Für eine Reihe von Einzelfällen ist beschlossen worden, durch die Schreibung mit dem Umlautbuchstaben *ä* die Zugehörigkeit zu der entsprechenden Wortfamilie grafisch zu verdeutlichen (*behände* zu *Hand*, *belämmert* zu *Lamm*).
- In Einzelfällen erfolgt eine Systematisierung: So wurden die Schreibungen *rauh* und *Känguruh* zu *rau* und *Känguru* geändert.
- Wenn in Zusammensetzungen drei gleiche Konsonantenbuchstaben zusammentreffen, dann bleiben alle drei erhalten.
- Neben *selbständig* ist auch die Schreibung *selbstständig* (*selbst* und *ständig*) möglich.

18. „Fäßchen“

Im Zeichnen war Theo ein echtes **As**. Es war einfach unglaublich, wie seine Finger den Bleistift hielten und **behende** über das Blatt flogen. Im Deutschunterricht oder während der Mathematikstunde **mußte** er sich oftmals vor seinen Klassenkameraden eine Blöße geben, denn die Lehrer nahmen ihn gerne an die Reihe und amüsierten sich dann über den **Tolpatsch**, der nichts **wußte** und alles im **Schrittempo** erledigte.
Theo **paßte** das natürlich nicht, aber er war zu schüchtern, um sich zu wehren.
Leider war er auch etwas dicklich und hatte seine Mühe im Sport, **so daß** ihn einige seiner Mitschüler ständig hänselten und **„Fäßchen“** nannten. Theo bemühte sich mitzuhalten, aber er hatte wirklich nicht die Statur eines **Ballettänzers**!
In ihrer **Roheit** kannten die Jungen seiner Klasse keine Grenzen, und Theo fühlte sich nicht selten richtig **gehaßt.**

Alles änderte sich eines Tages, als Theo in sich versunken in einer ausgetrockneten **Fluß-senke** am Fuße eines Berges saß, auf einem **Stengel** kaute und eine Zeichnung der Natur um ihn herum anfertigte. Zufällig kraxelte an diesem Tag das beliebteste Mädchen seiner Klasse wie eine **Gemse** auf diesem Berg herum. Gerade wollte sie sich abwenden, als sie die Zeichnung sah, die Theo innerhalb weniger Minuten angefertigt hatte. Sie **plazierte** sich mit offenem Mund neben ihn. Als Theo aufsah, grinste sie ziemlich **belemmert** und lief fort. Sie **mußte** aber den anderen einen **Tip** gegeben haben, denn vom nächsten Tag an behandelten ihn alle mit **überschwenglicher** Freundlichkeit. Aus seinem Spitznamen **„Faß“** wurde danach „Das **Zeichenas**“.

18. „Fässchen“

Im Zeichnen war Theo ein echtes Ass. Es war einfach unglaublich, wie seine Finger den Bleistift hielten und behände über das Blatt flogen. Im Deutschunterricht oder während der Mathematikstunde musste er sich oftmals vor seinen Klassenkameraden eine Blöße geben, denn die Lehrer nahmen ihn gerne an die Reihe und amüsierten sich dann über den Tollpatsch, der nichts wusste und alles im Schritttempo erledigte.
Theo passte das natürlich nicht, aber er war zu schüchtern um sich zu wehren.
Leider war er auch etwas dicklich und hatte seine Mühe im Sport, so dass/sodass ihn einige seiner Mitschüler ständig hänselten und „Fässchen“ nannten. Theo bemühte sich mitzuhalten, aber er hatte wirklich nicht die Statur eines Balletttänzers!
In ihrer Rohheit kannten die Jungen seiner Klasse keine Grenzen und Theo fühlte sich nicht selten richtig gehasst.

Alles änderte sich eines Tages, als Theo in sich versunken in einer ausgetrockneten Flusssenke am Fuße eines Berges saß, auf einem Stängel kaute und eine Zeichnung der Natur um ihn herum anfertigte. Zufällig kraxelte an diesem Tag das beliebteste Mädchen seiner Klasse wie eine Gämse auf diesem Berg herum. Gerade wollte sie sich abwenden, als sie die Zeichnung sah, die Theo innerhalb weniger Minuten angefertigt hatte. Sie platzierte sich mit offenem Mund neben ihn. Als Theo aufsah, grinste sie ziemlich belämmert und lief fort.
Sie musste aber den anderen einen Tipp gegeben haben, denn vom nächsten Tag an behandelten ihn alle mit überschwänglicher Freundlichkeit. Aus seinem Spitznamen „Fass“ wurde danach „Das Zeichenass“.

Regeln für die veränderte Schreibweise von Laut-Buchstaben-Zuordnungen

- Nach kurzem Vokal steht konsequent ss statt bisher ß.
- Für eine Reihe von Einzelfällen ist beschlossen worden, durch die Schreibung mit dem Umlautbuchstaben *ä* die Zugehörigkeit zu der entsprechenden Wortfamilie grafisch zu verdeutlichen (*behände* zu *Hand, Stängel* zu *Stange, Gämse* zu *Gams* usw.).
- In einigen Wörtern, die heute einer Wortfamilie zugeordnet werden, sollen Konsonantenbuchstaben im Interesse der Angleichung an die Stammschreibung und die Regel zur Kurzvokalkennzeichnung verdoppelt werden (*Tollpatsch* wegen *toll, plazieren* zu *Platz* usw.).
- Wenn in Zusammensetzungen drei gleiche Konsonantenbuchstaben zusammentreffen, dann bleiben alle drei erhalten.
- Im Sinne der Erhaltung der Stammschreibung bei Zusammensetzungen bleibt auch bei der Endung *-heit* ein vorausgehendes *h* erhalten.

19. Beschwerde

Sehr geehrter Herr Frittes,

ich weiß nicht genau, ob ich mich in dieser Angelegenheit direkt an Sie oder an Ihr Küchenpersonal wenden sollte. Wahrscheinlich erstellen Sie aber die Menüpläne für die Woche, und das Küchenpersonal führt nur **gestreßt** Ihre Anordnungen aus.
In der Vergangenheit bin ich ein **verläßlicher** Besucher Ihrer Kantine gewesen. Ich versichere Ihnen, **daß** ich im allgemeinen in meinen **Eßgewohnheiten gewiß** nicht kompliziert bin, denn schon Oma sagte immer: „Du **ißt**, was auf den Tisch kommt!"
Jetzt weiß ich aber, **daß** es auch eine Grenze gibt. Den Fraß, den Sie in den letzten Wochen an die Essensausgabe gebracht haben, würde ich nicht meinem weißen Struppi zumuten! Jede Kartoffel ist **fritiert**, das Gemüse **tropfnaß**, und Fleisch oder Fisch sind bestenfalls als **rißfest** zu bezeichnen. Ich bin sicher, **daß** das keinem Ihrer Gäste **paßt**! Nach dem ganzen **Streß** im Büro möchte man sich doch gemütlich während der Mittagspause an einem guten Gericht erfreuen und nicht vor lauter Angst vor dem Essen einen **Steptanz** vor der Kantine aufführen. Jede **Stewardeß** einer Chartergesellschaft serviert bessere Gerichte!
Darum sage ich Euch: **Vergeßt** die **Friteusen**, kehrt zurück zu guten alten Salzkartoffeln und Püree. Warum gibt es nicht einmal **Walnußeis** anstatt Schokoladenpudding mit Sahnehäubchen?
Verfaßt endlich wieder einen Speiseplan, der unsere Geschmacksnerven erfreut und nicht abtötet!

Bewerten Sie meinen **Überschuß** an Energie auf diesem Gebiet bitte nicht negativ.
Ich verbleibe mit freundlichen und hungrigen Grüßen,

Ihr Hans-Peter Schmackster

19. Beschwerde

Sehr geehrter Herr Frittes,

ich weiß nicht genau, ob ich mich in dieser Angelegenheit direkt an Sie oder an Ihr Küchenpersonal wenden sollte. Wahrscheinlich erstellen Sie aber die Menüpläne für die Woche und das Küchenpersonal führt nur gestresst Ihre Anordnungen aus.
In der Vergangenheit bin ich ein verlässlicher Besucher Ihrer Kantine gewesen. Ich versichere Ihnen, dass ich im Allgemeinen in meinen Essgewohnheiten gewiss nicht kompliziert bin, denn schon Oma sagte immer: „Du isst, was auf den Tisch kommt!"
Jetzt weiß ich aber, dass es auch eine Grenze gibt. Den Fraß, den Sie in den letzten Wochen an die Essensausgabe gebracht haben, würde ich nicht meinem weißen Struppi zumuten! Jede Kartoffel ist frittiert, das Gemüse tropfnass und Fleisch oder Fisch sind bestenfalls als rissfest zu bezeichnen. Ich bin sicher, dass das keinem Ihrer Gäste passt! Nach dem ganzen Stress im Büro möchte man sich doch gemütlich während der Mittagspause an einem guten Gericht erfreuen und nicht vor lauter Angst vor dem Essen einen Stepptanz vor der Kantine aufführen. Jede Stewardess einer Chartergesellschaft serviert bessere Gerichte!
Darum sage ich euch: Vergesst die Fritteusen, kehrt zurück zu guten alten Salzkartoffeln und Püree. Warum gibt es nicht einmal Walnusseis anstatt Schokoladenpudding mit Sahnehäubchen?
Verfasst endlich wieder einen Speiseplan, der unsere Geschmacksnerven erfreut und nicht abtötet!

Bewerten Sie meinen Überschuss an Energie auf diesem Gebiet bitte nicht negativ.
Ich verbleibe mit freundlichen und hungrigen Grüßen,

Ihr Hans-Peter Schmackster

Regeln für die veränderte Schreibweise von Laut-Buchstaben-Zuordnungen

- Nach kurzem Vokal steht konsequent ss statt bisher ß.
- In einigen Wörtern, die heute einer Wortfamilie zugeordnet werden, sollen Konsonantenbuchstaben im Interesse der Angleichung an die Stammschreibung und die Regel zur Kurzvokalkennzeichnung verdoppelt werden (*Stepptanz* zu *steppen* und *frittieren* zu *Fritte*).

20. Über den Impressionismus

Die Impressionisten stellten in der zweiten Hälfte des vorigen Jahrhunderts den herrschenden Kunstbegriff in Frage. Zu jener Zeit führte der Klassizismus, der an den Akademien gelehrt wurde, die Kunst am **Bendel**: Große historische Themen und riesige Formate mit teils überlebensgroßen Figuren bestimmten den Zeitgeschmack. Auch Themen aus der griechischen Mythologie wurden gern aufgegriffen. Das alltägliche Leben blieb jedoch weitgehend ausgeblendet, denn Kunst sollte dem Bürger erhabene Ideale vor Augen stellen und nicht die **rauhe** Wirklichkeit.
Gegen diese Scheinwelt wandte sich eine Generation junger Künstler, die **bewußt** den Unterschied zwischen dem Erhabenen und dem Gewöhnlichen auflöste. Sie entdeckte, **daß** sowohl die Übungen der **Ballettänzerinnen** eines Balletttheaters als auch die Spiegelung der Sonne in einer **Schlammasse** ein Motiv abgeben konnten.
Die Impressionisten entschieden sich für die Freilichtmalerei. Das hatte **gewiß** Konsequenzen: Man **mußte** die Bildformate reduzieren, denn Riesenleinwände hätten nicht ins Freie **gepaßt**, und sich den Lichtverhältnissen anpassen, die sich im Laufe des Tages verändern. In vielen Bildern der Impressionisten wirkt die eingefangene Bewegung flüchtig. So kamen ihre Zeitgenossen zu dem **Schluß**, **daß** sie in zu großer Eile gearbeitet und die Dinge nur angedeutet hatten, ohne von der Muse **geküßt** worden zu sein. Auch Linien und Perspektive stimmten ja gar nicht mit der Realität überein! Doch den Impressionisten ging es nicht um realistische Linien und Perspektive. Ihre Bilder setzen sich aus tausend unregelmäßigen Strichen zusammen, die erst aus der Entfernung lebendig werden.
Heute ist eine allgemeine Wertschätzung dieser Stilrichtung an die Stelle der Anfeindungen getreten, und die Bilder der Impressionisten erzielen **verläßlich** auf jeder Auktion höchste Preise.

20. Über den Impressionismus

Die Impressionisten stellten in der zweiten Hälfte des vorigen Jahrhunderts den herrschenden Kunstbegriff in Frage. Zu jener Zeit führte der Klassizismus, der an den Akademien gelehrt wurde, die Kunst am Bändel: Große historische Themen und riesige Formate mit teils überlebensgroßen Figuren bestimmten den Zeitgeschmack. Auch Themen aus der griechischen Mythologie wurden gern aufgegriffen. Das alltägliche Leben blieb jedoch weitgehend ausgeblendet, denn Kunst sollte dem Bürger erhabene Ideale vor Augen stellen und nicht die raue Wirklichkeit.

Gegen diese Scheinwelt wandte sich eine Generation junger Künstler, die bewusst den Unterschied zwischen dem Erhabenen und dem Gewöhnlichen auflöste. Sie entdeckte, dass sowohl die Übungen der Balletttänzerinnen eines Balletttheaters als auch die Spiegelung der Sonne in einer Schlammmasse ein Motiv abgeben konnten.

Die Impressionisten entschieden sich für die Freilichtmalerei. Das hatte gewiss Konsequenzen: Man musste die Bildformate reduzieren, denn Riesenleinwände hätten nicht ins Freie gepasst, und sich den Lichtverhältnissen anpassen, die sich im Laufe des Tages verändern. In vielen Bildern der Impressionisten wirkt die eingefangene Bewegung flüchtig. So kamen ihre Zeitgenossen zu dem Schluss, dass sie in zu großer Eile gearbeitet und die Dinge nur angedeutet hatten ohne von der Muse geküsst worden zu sein. Auch Linien und Perspektive stimmten ja gar nicht mit der Realität überein! Doch den Impressionisten ging es nicht um realistische Linien und Perspektive. Ihre Bilder setzen sich aus tausend unregelmäßigen Strichen zusammen, die erst aus der Entfernung lebendig werden.

Heute ist eine allgemeine Wertschätzung dieser Stilrichtung an die Stelle der Anfeindungen getreten und die Bilder der Impressionisten erzielen verlässlich auf jeder Auktion höchste Preise.

Regeln für die veränderte Schreibweise von Laut-Buchstaben-Zuordnungen

- Für eine Reihe von Einzelfällen ist beschlossen worden, durch die Schreibung mit dem Umlautbuchstaben *ä* die Zugehörigkeit zu der entsprechenden Wortfamilie grafisch zu verdeutlichen (*Bändel* zu *Band*).
- In Einzelfällen erfolgt eine Systematisierung: So wurden die Schreibungen *rauh* und *Känguruh* zu *rau* und *Känguru* geändert.
- Nach kurzem Vokal steht konsequent ss statt bisher ß.
- Wenn in Zusammensetzungen drei gleiche Konsonantenbuchstaben zusammentreffen, dann bleiben immer alle drei erhalten (z.B. *Balletttänzerin*).

21. Ein Single im Supermarkt

Ich bin in der **Schiffahrt** tätig, hatte seit mehreren Monaten keinen Supermarkt gesehen und mich nur von Konserven und Zwieback ernährt, der oftmals im **Streß** auf dem Schiff auch noch **naß** wurde. Wie **paßte** es mir da, als ich die Eröffnung des neuen Einkaufsmarktes „Familienglück“ direkt vor meiner Tür sah!
Schnell stopfte ich mir den letzten **Vorschuß**, den ich bekommen hatte, in die Tasche und lief durch den Regen hinüber. **Tropfnaß mußte** ich feststellen, **daß** alle Einkaufswagen die Größe kleiner Schlachtschiffe hatten und außerdem keiner mehr übrig war. Ich dachte mir also: **Vergiß** den Wagen. Schließlich brauchte ich nur **Fritierfett**, **Brennesseltinktur** für meinen **Abszeß** und eine Packung **Walnußeis**. Ich nahm mir eins der kleinen Einkaufskörbchen und drängte mich zwischen den Menschenmassen durch die langen Gänge.
Die Einkäufer im Supermarkt schoben mir immer wieder mit verbissenen Gesichtern ihre riesigen Wagen in die Hacken und schauten mich argwöhnisch an. Wo war mein Wagen? Und was sollte dieses lächerliche Körbchen? War ich vielleicht ein familienloser Dieb?
Ich fühlte mich zunehmend **gräßlich** und fand mich plötzlich an der Wursttheke wieder. Hier schien mich keiner zu bemerken, **so daß** ich den **Entschluß faßte**, etwas Belag zu kaufen. Ich bestellte 50 g Schnittwurst, woraus die Verkäuferin **schloß**, **daß** ich sie ärgern wollte. Von ihrem hohen **Roß** aus wandte sie sich der nächsten Kundin zu, die hinter den gigantischen Türmen von Konserven in ihrem Einkaufspanzer hervorlugte.
An der Kasse bezahlte ich meine drei Einkäufe, erdolcht von den argwöhnischen Blicken meiner Leidensgenossen in der Warteschlange. Vorgedrängelt habe ich mich nicht, aber ich sehnte mich während dieser zwei Stunden die ganze Zeit nach Zwieback!

21. Ein Single im Supermarkt

Ich bin in der Schifffahrt tätig, hatte seit mehreren Monaten keinen Supermarkt gesehen und mich nur von Konserven und Zwieback ernährt, der oftmals im Stress auf dem Schiff auch noch nass wurde. Wie passte es mir da, als ich die Eröffnung des neuen Einkaufsmarktes „Familienglück“ direkt vor meiner Tür sah!
Schnell stopfte ich mir den letzten Vorschuss, den ich bekommen hatte, in die Tasche und lief durch den Regen hinüber. Tropfnass musste ich feststellen, dass alle Einkaufswagen die Größe kleiner Schlachtschiffe hatten und außerdem keiner mehr übrig war. Ich sagte mir also: Vergiss den Wagen! Schließlich brauchte ich nur Frittierfett, Brennnesseltinktur für meinen Abszess und eine Packung Walnusseis. Ich nahm mir eins der kleinen Einkaufskörbchen und drängte mich zwischen den Menschenmassen durch die langen Gänge.
Die Einkäufer im Supermarkt schoben mir immer wieder mit verbissenen Gesichtern ihre riesigen Wagen in die Hacken und schauten mich argwöhnisch an. Wo war mein Wagen? Und was sollte dieses lächerliche Körbchen? War ich vielleicht ein familienloser Dieb?
Ich fühlte mich zunehmend grässlich und fand mich plötzlich an der Wursttheke wieder. Hier schien mich keiner zu bemerken, so dass ich den Entschluss fasste etwas Belag zu kaufen. Ich bestellte 50 g Schnittwurst, woraus die Verkäuferin schloss, dass ich sie ärgern wollte. Von ihrem hohen Ross aus wandte sie sich der nächsten Kundin zu, die hinter den gigantischen Türmen von Konserven in ihrem Einkaufspanzer hervorlugte.
An der Kasse bezahlte ich meine drei Einkäufe, erdolcht von den argwöhnischen Blicken meiner Leidensgenossen in der Warteschlange. Vorgedrängelt habe ich mich nicht, aber ich sehnte mich während dieser zwei Stunden die ganze Zeit nach Zwieback!

Regeln für die veränderte Schreibweise von Laut-Buchstaben-Zuordnungen

- Wenn in Zusammensetzungen drei gleiche Konsonantenbuchstaben zusammentreffen, dann bleiben immer alle drei erhalten (z.B. *Brennnessel*).
- Nach kurzem Vokal steht konsequent ss statt bisher ß.
- In einigen Wörtern, die heute einer Wortfamilie zugeordnet werden, sollen Konsonantenbuchstaben im Interesse der Angleichung an die Stammschreibung und die Regel zur Kurzvokalkennzeichnung verdoppelt werden (*Frittierfett* zu *Fritte*).

IV. Getrennt- und Zusammenschreibung

22. Die Stewardeß – Bardame der Lüfte?

Viele junge Erwachsene stellen sich den Beruf einer Stewardeß als Traumjob vor. Stewardessen sehen die Welt, was **allgemeinbildend** ist, haben ein aufregendes Leben, können täglich viele neue Menschen **kennenlernen** und hören die interessantesten Geschichten. Was machen da schon ständiger Streß, Klimawechsel und Zeitunterschiede, denen sie ausgesetzt sind!
Die Betroffenen selbst sehen das etwas anders. Für sie vereint dieser Beruf die Tätigkeiten von Bardame, Klofrau, Kindergärtnerin und Kummerkasten in einem. Auf alles müssen sie **achtgeben**. Sie treten immer dort auf, wo Menschen auf ihre Grundbedürfnisse und -ängste reduziert werden: Auch in 10 000 Metern Höhe geht es um Hunger, Durst, Angst, Unwohlsein, Gereiztheit und Aufregung – Dinge, die für viele **besorgniserregend** sind.
Viele Fluggäste sind nicht ganz einfach und unterscheiden sich erheblich in ihren Ansprüchen voneinander: Während der Geschäftsmann aus der Busineß-Class einen Cappuccino verlangt oder jede Viertelstunde nach Champagner schreit, bedankt sich der **notleidende** Erstflieger für jedes Lächeln und erzählt von Kindern und Kindeskindern, die am Zielflughafen warten. Natürlich muß sich die Stewardeß mit **blendendweißem** Lächeln auch auf die verschiedenen Nationalitäten einstellen, die besonders auf den internationalen Flügen anzutreffen sind.
So wartet sie geduldig auf das Tablett des Japaners, der in Seelenruhe jede seiner Weintrauben schält und entkernt, und versucht, dem orientalischen Mann auf dem Gebetsteppich die Richtung Mekkas zu weisen.
Ein Traumjob? Der Beruf der Stewardeß ist eher Schwerstarbeit! Nichts kann sie **liegenlassen**, andererseits darf sie auch nicht **lästigfallen**. Denn die Stimmung im Flugzeug hängt nicht selten von der Laune der Stewardeß ab. Wenn diese alles **beieinanderhält**, dann können die Passagiere auch nach einem verspäteten Flug voller Turbulenzen noch gut gelaunt **auseinandergehen**.

22. Die Stewardess – Bardame der Lüfte?

Viele junge Erwachsene stellen sich den Beruf einer Stewardess als Traumjob vor. Stewardessen sehen die Welt, was allgemein bildend ist, haben ein aufregendes Leben, können täglich viele neue Menschen kennen lernen und hören die interessantesten Geschichten. Was machen da schon ständiger Stress, Klimawechsel und Zeitunterschiede, denen sie ausgesetzt sind!

Die Betroffenen selbst sehen das etwas anders. Für sie vereint dieser Beruf die Tätigkeiten von Bardame, Klofrau, Kindergärtnerin und Kummerkasten in einem. Auf alles müssen sie Acht geben. Sie treten immer dort auf, wo Menschen auf ihre Grundbedürfnisse und -ängste reduziert werden: Auch in 10 000 Metern Höhe geht es um Hunger, Durst, Angst, Unwohlsein, Gereiztheit und Aufregung – Dinge, die für viele Besorgnis erregend sind.

Viele Fluggäste sind nicht ganz einfach und unterscheiden sich erheblich in ihren Ansprüchen voneinander: Während der Geschäftsmann aus der Business-Class einen Cappuccino verlangt oder jede Viertelstunde nach Champagner schreit, bedankt sich der Not leidende Erstflieger für jedes Lächeln und erzählt von Kindern und Kindeskindern, die am Zielflughafen warten. Natürlich muss sich die Stewardess mit blendend weißem Lächeln auch auf die verschiedenen Nationalitäten einstellen, die besonders auf den internationalen Flügen anzutreffen sind.

So wartet sie geduldig auf das Tablett des Japaners, der in Seelenruhe jede seiner Weintrauben schält und entkernt, und versucht, dem orientalischen Mann auf dem Gebetsteppich die Richtung Mekkas zu weisen.

Ein Traumjob? Der Beruf der Stewardess ist eher Schwerstarbeit! Nichts kann sie liegen lassen, andererseits darf sie auch nicht lästig fallen. Denn die Stimmung im Flugzeug hängt nicht selten von der Laune der Stewardess ab. Wenn diese alles beieinander hält, dann können die Passagiere auch nach einem verspäteten Flug voller Turbulenzen noch gut gelaunt auseinander gehen.

Regeln für die veränderte Getrennt- und Zusammenschreibung

- Liegt eine getrennt geschriebene Wortgruppe zugrunde (*allgemein bilden*), dann wird getrennt geschrieben.
- Ist der erste Bestandteil der Wortverbindung ein Verb, wird immer getrennt geschrieben.
- Fügungen aus Substantiv und Verb, in denen das Substantiv eindeutig als solches verwendet wird, werden getrennt geschrieben.
- Fügungen mit Partizip, bei denen auch das dem Partizip zugrunde liegende Verb von der entsprechenden Ergänzung getrennt geschrieben wird, werden getrennt geschrieben (z.B. *Besorgnis erregen, Not leiden*).
- Verbindungen aus adjektivischem Partizip und Adjektiv werden getrennt geschrieben.
- Alle Fügungen aus *-einander* und Verb werden getrennt geschrieben.
- Alle Fügungen aus abgeleiteten Adjektiven auf *-ig* , *-isch* und *-lich* werden getrennt geschrieben.

23. Bewerbung

Sehr geehrte Damen und Herren,

hiermit möchte ich mich bei Ihnen auf die Halbtagsstelle als Fremdsprachensekretärin bewerben.
Ich habe meine Ausbildung vor fünf Jahren abgeschlossen und anschließend eine Stelle in einer internationalen Speditionsfirma angenommen, die zunächst sehr **erfolgversprechend** war. Dort bestand meine Tätigkeit vor allem im **Maschineschreiben** und in der Korrespondenz mit unseren italienischen und englischen Geschäftspartnern. Gab es irgendein Problem, so konnte man sich stets vertrauensvoll an mich wenden. Meine Bemühungen in diesem Unternehmen waren **aufsehenerregend**, was Sie an meinem Zeugnis sehen können, das ich Ihnen in diesem Schreiben schicke. Ich kann mich wohl ohne Scheu als Stütze der Geschäftsführung bezeichnen, die jederzeit auf mich zählen konnte. Unter meinem wachsamen Auge konnte auch das kleinste Schriftstück nicht **verlorengehen**. Jede **ernstgemeinte** Herausforderung nahm ich gern an. Briefe und Übersetzungen fertigte ich stets **allgemeinverständlich** und zur größten Zufriedenheit meiner Vorgesetzten an, Telefonate erledigte ich gewissenhaft und kompetent. Soviel ich weiß, konnte sich nie jemand über **irgend etwas** beklagen.
Da ich **alleinstehend** und **alleinerziehende** Mutter eines Zweijährigen bin, mußte ich aber mehr und mehr **maßhalten** und schließlich **haltmachen**. Die Arbeit hatte mich so sehr **gefangengenommen**, daß seine Erziehung immer weniger **erfolgversprechend** war.
Damit meine Finanzen nicht völlig **abwärtsgehen**, bin ich jetzt an einer Teilzeitstelle interessiert, die weniger **zulasten** meines Kindes geht. Natürlich bin ich bereit, dafür **doppelt soviel** Einsatz im Arbeitsalltag zu zeigen. Meine Stärken werden Ihnen nicht **verborgenbleiben**!
Ich freue mich auf einen Termin für ein **gewinnbringendes** Vorstellungsgespräch und verbleibe mit freundlichen Grüßen,

Rosita Schmittbauer

Regeln für die veränderte Getrennt- und Zusammenschreibung

- Fügungen mit Partizip, bei denen auch das dem Partizip zugrunde liegende Verb von der entsprechenden Ergänzung getrennt geschrieben wird, werden getrennt geschrieben (z.B. *Erfolg versprechen*).
- Fügungen aus Substantiv und Verb, in denen das Substantiv eindeutig als solches verwendet wird, werden getrennt geschrieben. Zusammengeschrieben werden ausschließlich Fügungen aus *heim-*, *irre-*, *preis-*, *stand-*, *statt-*, *teil-*, *wett-* und *wunder-* + Verb.
- *-irgend* verbindet sich mit dem nachfolgenden Bestandteil zu einem Wort (Ausnahme: Die Zusammenschreibung wird durch die Erweiterung des zweiten Bestandteils wieder aufgehoben wie z.B. in *irgend so eine*).

23. Bewerbung

Sehr geehrte Damen und Herren,

hiermit möchte ich mich bei Ihnen auf die Halbtagsstelle als Fremdsprachensekretärin bewerben.
Ich habe meine Ausbildung vor fünf Jahren abgeschlossen und anschließend eine Stelle in einer internationalen Speditionsfirma angenommen, die zunächst sehr Erfolg versprechend war. Dort bestand meine Tätigkeit vor allem im Maschine schreiben und in der Korrespondenz mit unseren italienischen und englischen Geschäftspartnern. Gab es irgendein Problem, so konnte man sich stets vertrauensvoll an mich wenden. Meine Bemühungen in diesem Unternehmen waren Aufsehen erregend, was Sie an meinem Zeugnis sehen können, das ich Ihnen in diesem Schreiben schicke. Ich kann mich wohl ohne Scheu als Stütze der Geschäftsführung bezeichnen, die jederzeit auf mich zählen konnte. Unter meinem wachsamen Auge konnte auch das kleinste Schriftstück nicht verloren gehen. Jede ernst gemeinte Herausforderung nahm ich gern an. Briefe und Übersetzungen fertigte ich stets allgemein verständlich und zur größten Zufriedenheit meiner Vorgesetzten an, Telefonate erledigte ich gewissenhaft und kompetent. Soviel ich weiß, konnte sich nie jemand über irgendetwas beklagen.
Da ich allein stehend und allein erziehende Mutter eines Zweijährigen bin, musste ich aber mehr und mehr Maß halten und schließlich Halt machen. Die Arbeit hatte mich so sehr gefangen genommen, dass seine Erziehung immer weniger Erfolg verprechend war.
Damit meine Finanzen nicht völlig abwärts gehen, bin ich jetzt an einer Teilzeitstelle interessiert, die weniger zulasten/zu Lasten meines Kindes geht. Natürlich bin ich bereit, dafür doppelt so viel Einsatz im Arbeitsalltag zu zeigen. Meine Stärken werden Ihnen nicht verborgen bleiben!
Ich freue mich auf einen Termin für ein Gewinn bringendes Vorstellungsgespräch und verbleibe mit freundlichen Grüßen,

Rosita Schmittbauer

- Ist der erste Bestandteil der Wortverbindung ein Verb, wird immer getrennt geschrieben.
- Verbindungen aus adjektivischem Partizip und Adjektiv werden getrennt geschrieben.
- Die unterschiedliche Schreibung bei attributivem und prädikativem Gebrauch der entsprechenden Wortfügung entfällt zugunsten der Getrenntschreibung.
- Liegt eine getrennt geschriebene Wortgruppe zugrunde (*allgemein bilden*), dann wird getrennt geschrieben.
- Fügungen aus *-wärts* und Verb werden getrennt geschrieben.
- Die schon existierende Wahl zwischen Getrennt- und Zusammenschreibung wird in einigen Fällen erweitert.
- Fügungen aus *so, wie, zu* in Verbindung mit einem Adjektiv, Adverb oder Pronomen werden getrennt geschrieben.

24. Entführung

Die nächtliche Notbeleuchtung hatte bereits das **strahlendhelle** Licht in der Parkgarage abgelöst, als Hubert gähnend zu seinem Auto schritt. Auch heute abend war es wieder spät geworden, und er hatte kein Ende in seinen Verhandlungen finden können. Von den vielen Unterredungen war ihm noch immer **glühendheiß**. In Gedanken ging er gerade zum zehnten Mal das **breitgefächerte** Angebot seiner Firma durch, als ihm plötzlich jemand eine Pistole an den Kopf hielt.
Der Unbekannte preßte ihm eine lauwarme, schweißige Hand auf den Mund, die seinen Aufschrei unterdrückte, und flüsterte:
„Wieviel hast du bei dir?" Hubert überlegte angestrengt. Er tastete seine Jackentasche von außen ab, doch dann fiel ihm ein, daß er in der Mittagspause **radfahren** war und sein Portemonnaie im Fitneßraum vergessen hatte.
Ihm wurde komisch **zumute**, aber der Mann hinter ihm hatte bereits verstanden und zog ihn jetzt in ein **nahestehendes** grünes Auto. Alles ging so schnell, daß Hubert sich nicht mehr das Nummernschild merken konnte.
Kurze Zeit später fand er sich geknebelt und gefesselt auf dem Rücksitz des Wagens wieder. Er konnte lediglich die Füße **aufeinanderlegen**, doch nichts konnte ihn **vorwärtsbringen.**
Auf der Fahrt überlegte er, ob sie gerade in einer **schwachbesiedelten** Gegend waren, in der der Mann ihn ohne Zeugen beseitigen konnte.
Was hatte er sich nur **zuschulden** kommen lassen? Würde seine Frau merken, daß er **verlorengegangen** war? Sie hatte eigentlich schon lange nur noch Interesse an seinem Geld. Und dann fiel es ihm plötzlich wie Schuppen von den Augen, und er erinnerte sich an den naßkalten Abend, an dem er früher als erwartet nach Hause kam, und ihm ein Kerl aus dem Badezimmer seine schweißigen, lauwarmen Hände entgegenstreckte – der Monteur, wie seine Frau damals sagte.

Regeln für die veränderte Getrennt- und Zusammenschreibung

- Geht einem Adjektiv ein Partizip voraus, so schreibt man beide Wörter getrennt.
- Fügungen aus *so, wie, zu* in Verbindung mit einem Adjektiv, Adverb oder Pronomen werden getrennt geschrieben.
- Fügungen aus Substantiv und Verb, in denen das Substantiv eindeutig als solches verwendet wird, werden getrennt geschrieben. Zusammengeschrieben werden ausschließlich Fügungen aus *heim-*, *irre-*, *preis-*, *stand-*, *statt-*, *teil-*, *wett-* und *wunder-* + Verb.

24. Entführung

Die nächtliche Notbeleuchtung hatte bereits das strahlend helle Licht in der Parkgarage abgelöst, als Hubert gähnend zu seinem Auto schritt. Auch heute Abend war es wieder spät geworden und er hatte kein Ende in seinen Verhandlungen finden können. Von den vielen Unterredungen war ihm noch immer glühend heiß. In Gedanken ging er gerade zum zehnten Mal das breit gefächerte Angebot seiner Firma durch, als ihm plötzlich jemand eine Pistole an den Kopf hielt.

Der Unbekannte presste ihm eine lauwarme, schweißige Hand auf den Mund, die seinen Aufschrei unterdrückte, und flüsterte:

„Wie viel hast du bei dir?" Hubert überlegte angestrengt. Er tastete seine Jackentasche von außen ab, doch dann fiel ihm ein, dass er in der Mittagspause Rad fahren war und sein Portemonnaie/Portmonee im Fitnessraum vergessen hatte.

Ihm wurde komisch zumute/zu Mute, aber der Mann hinter ihm hatte bereits verstanden und zog ihn jetzt in ein nahe stehendes grünes Auto. Alles ging so schnell, dass Hubert sich nicht mehr das Nummernschild merken konnte.

Kurze Zeit später fand er sich geknebelt und gefesselt auf dem Rücksitz des Wagens wieder. Er konnte lediglich die Füße aufeinander legen, doch nichts konnte ihn vorwärts bringen.

Auf der Fahrt überlegte er, ob sie gerade in einer schwach besiedelten Gegend waren, in der der Mann ihn ohne Zeugen beseitigen konnte.

Was hatte er sich nur zuschulden/zu Schulden kommen lassen? Würde seine Frau merken, dass er verloren gegangen war? Sie hatte eigentlich schon lange nur noch Interesse an seinem Geld.

Und dann fiel es ihm plötzlich wie Schuppen von den Augen und er erinnerte sich an den nasskalten Abend, an dem er früher als erwartet nach Hause kam, und ihm ein Kerl aus dem Badezimmer seine schweißigen, lauwarmen Hände entgegenstreckte – der Monteur, wie seine Frau damals sagte.

- Die schon existierende Wahl zwischen Getrennt- und Zusammenschreibung wird in einigen Fällen erweitert.
- Man schreibt eine Wortfügung getrennt, wenn der erste Bestandteil gesteigert oder erweitert werden kann.
- Verbindungen aus adjektivischem Partizip und Adjektiv werden getrennt geschrieben.
- Fügungen aus *-wärts* und *-einander* und Verb werden getrennt geschrieben.
- Fügungen mit Partizip, bei denen auch das dem Partizip zugrunde liegende Verb von der entsprechenden Ergänzung getrennt geschrieben wird, werden getrennt geschrieben (z.B. *verloren gehen*).

25. Spieglein, Spieglein an der Wand...

Schönheit ist für die Mitglieder des Wodabee- Stammes in der **glühendheißen** Sahara eine **weitreichende** Angelegenheit.
Als Nomaden legen sie jährlich mehr als 800 km zurück. In einem Leben mit durchschnittlicher Dauer marschiert der Nomade also ziemlich genau einmal um die Erde herum.
Die Männer des Stammes sind keine Krieger, sondern friedlich und sanft.
Der einzige Kampf, auf den sie **achtgeben**, ist der **ernstzunehmende** Kampf um den schönsten Mann des Jahres. An den Schönheitswettbewerben nehmen nur junge Männer teil.
Unter mehreren Mädchen wird das schönste ausgewählt, das später den Sieger kürt.
Als Vorbereitung legen die Männer gelben Puder aufs Gesicht. Die Augen werden mit Kohlestift umrandet und Augenbrauen und Lippen mit einer Mischung aus Asche und Butter geschwärzt. Alles soll farblich zueinander passen, damit das Weiß der Augen und Zähne besonders hervorgehoben wird und nicht irgendein verborgener Reiz oder **irgend etwas** anderes an ihrem Aussehen **verlorengeht**.
Der Kopfschmuck der Männer besteht aus einem weißen oder **buntgestreiften** Turban, der oftmals mit einer langen Vogelfeder verziert ist. Sie kleiden sich in perlenbestickte Gewänder und verzieren Hals und Ohren mit kleinen Muscheln und Messingschmuck.
Während des Wettbewerbs blecken die Konkurrenten unaufhörlich mit den **blendendweißen** Zähnen und rollen die Augäpfel ihrer aufgerissenen Augen, **so daß** man das Weiß besonders gut sehen kann. Eine volle Stunde wiegen sich die Männer singend hin und her und präsentieren sich mit großer Ausdauer. Dann ist es **soweit**, und der strahlende Sieger wird gebührend gefeiert.

Regeln für die veränderte Getrennt- und Zusammenschreibung

- Geht einem Adjektiv ein Partizip voraus, so schreibt man beide Wörter getrennt.
- Man schreibt eine Wortfügung getrennt, wenn der erste Bestandteil gesteigert oder erweitert werden kann. In mehrdeutigen Zweifelsfällen ist Getrennt- oder Zusammenschreibung zulässig (*weiter reichende/weitreichendere*).
- Fügungen aus Substantiv und Verb, in denen das Substantiv eindeutig als solches verwendet wird, werden getrennt geschrieben. Zusammengeschrieben werden ausschließlich Fügungen aus *heim-*, *irre-*, *preis-*, *stand-*, *statt-*, *teil-*, *wett-* und *wunder-* + Verb.

25. Spieglein, Spieglein an der Wand...

Schönheit ist für die Mitglieder des Wodabee- Stammes in der glühend heißen Sahara eine weit reichende/weitreichende Angelegenheit.
Als Nomaden legen sie jährlich mehr als 800 km zurück. In einem Leben mit durchschnittlicher Dauer marschiert der Normade also ziemlich genau einmal um die Erde herum.
Die Männer des Stammes sind keine Krieger, sondern friedlich und sanft.
Der einzige Kampf, auf den sie Acht geben, ist der ernst zu nehmende Kampf um den schönsten Mann des Jahres. An den Schönheitswettbewerben nehmen nur junge Männer teil. Unter mehreren Mädchen wird das schönste ausgewählt, das später den Sieger kürt.
Als Vorbereitung legen die Männer gelben Puder aufs Gesicht. Die Augen werden mit Kohlestift umrandet und Augenbrauen und Lippen mit einer Mischung aus Asche und Butter geschwärzt. Alles soll farblich zueinander passen, damit das Weiß der Augen und Zähne besonders hervorgehoben wird und nicht irgendein verborgener Reiz oder irgendetwas anderes an ihrem Aussehen verloren geht.
Der Kopfschmuck der Männer besteht aus einem weißen oder bunt gestreiften Turban, der oftmals mit einer langen Vogelfeder verziert ist. Sie kleiden sich in perlenbestickte Gewänder und verzieren Hals und Ohren mit kleinen Muscheln und Messingschmuck.
Während des Wettbewerbs zeigen die Konkurrenten unaufhörlich ihre blendend weißen Zähne und rollen die Augäpfel ihrer aufgerissenen Augen, sodass/so dass man das Weiß besonders gut sehen kann. Eine volle Stunde wiegen sich die Männer singend hin und her und präsentieren sich mit großer Ausdauer. Dann ist es so weit und der strahlende Sieger wird gebührend gefeiert.

- *-irgend* verbindet sich mit dem nachfolgenden Bestandteil immer zu einem Wort (Ausnahme: Die Zusammenschreibung wird durch die Erweiterung des zweiten Bestandteils wieder aufgehoben wie z.B. in *irgend so eine*).
- Fügungen aus Partizip und Verb werden getrennt geschrieben.
- Die unterschiedliche Schreibung bei attributivem und prädikativem Gebrauch der entsprechenden Wortfügung entfällt zugunsten der Getrenntschreibung (Der *bunt gestreifte* Turban/Der Turban war *bunt gestreift*).
- Die schon existierende Wahl zwischen Getrennt- und Zusammenschreibung wird in einigen Fällen erweitert.
- Fügungen aus *so, wie, zu* in Verbindung mit einem Adjektiv, Adverb oder Pronomen werden getrennt geschrieben.

26. Gespenster der Vergangenheit im Londoner Tower

Mehr als zwei Millionen Besucher zieht die mächtige Befestigungsanlage des Londoner Towers jährlich an. Doch die Schaulustigen sind nicht nur an den **aufsehenerregenden** Kronjuwelen interessiert, die hier hinter dicken Glasmauern ausgestellt sind, sondern sie werden hier auch deshalb **zueinanderfinden**, weil sie den gruseligen Geschichten über die **gefangengenommenen** Monarchen, Staatsmänner und Bischöfe vergangener Zeiten lauschen wollen, die der Führer zum besten gibt.
Er erzählt von einem Bruder Eduards IV., der im 15. Jahrhundert als Verräter verurteilt und in seinem Lieblingswein ertränkt wurde, und von seinen kleinen Söhnen, die nach seinem Tod in den Tower gelockt wurden, wo sie plötzlich verschwanden. Waren die Knaben wirklich nie **dagewesen**? Der Ursprung der beiden Knabenskelette, die man hundert Jahre später irgendwo dort fand, wurde nie richtig aufgedeckt.
Heinrich VIII. ließ die Hinrichtungen nur so **aufeinanderprallen**. Einkerkerungen, Folterungen und Hinrichtungen waren an der Tagesordnung. Ob es ihm **leichtgefallen** ist, sogar seine fünfte Frau, Catherine Howard, samt ihrer Zofe hinzurichten? Während ihrer Gefangenschaft mußte sie als Ehebrecherin mit der schlimmsten Behandlung **vorliebnehmen**.
Könnten die Mauern des Towers sprechen, so würden sie Bände mit den geschehenen Grausamkeiten füllen. Der Tower machte den Gefangenen jede Hoffnung auf eine Flucht zunichte. Und doch gibt es eine **schwerverständliche** Ausnahme: Im 18. Jahrhundert gelang es einem Gefangenem, eine Nacht vor seiner Exekution in Frauenkleidern zu fliehen, die seine Gattin heimlich eingeschmuggelt hatte.
Heute erinnert ein Gedenkstein in den **nahegelegenen** Trinity Gardens an das einstige Schafott.

26. Gespenster der Vergangenheit im Londoner Tower

Mehr als zwei Millionen Besucher zieht die mächtige Befestigungsanlage des Londoner Towers jährlich an. Doch die Schaulustigen sind nicht nur an den Aufsehen erregenden Kronjuwelen interessiert, die hier hinter dicken Glasmauern ausgestellt sind, sondern sie werden hier auch deshalb zueinander finden, weil sie den gruseligen Geschichten über die gefangen genommenen Monarchen, Staatsmänner und Bischöfe vergangener Zeiten lauschen wollen, die der Führer zum Besten gibt.
Er erzählt von einem Bruder Eduards IV., der im 15. Jahrhundert als Verräter verurteilt und in seinem Lieblingswein ertränkt wurde, und von seinen kleinen Söhnen, die nach seinem Tod in den Tower gelockt wurden, wo sie plötzlich verschwanden. Waren die Knaben wirklich nie da gewesen? Der Ursprung der beiden Knabenskelette, die man hundert Jahre später irgendwo dort fand, wurde nie richtig aufgedeckt.
Heinrich VIII. ließ die Hinrichtungen nur so aufeinander prallen. Einkerkerungen, Folterungen und Hinrichtungen waren an der Tagesordnung. Ob es ihm leicht gefallen ist, sogar seine fünfte Frau(,) Catherine Howard(,) samt ihrer Zofe hinzurichten? Während ihrer Gefangenschaft musste sie als Ehebrecherin mit der schlimmsten Behandlung vorlieb nehmen.
Könnten die Mauern des Towers sprechen, so würden sie Bände mit den geschehenen Grausamkeiten füllen. Der Tower machte den Gefangenen jede Hoffnung auf eine Flucht zunichte. Und doch gibt es eine schwer verständliche Ausnahme: Im 18. Jahrhundert gelang es einem Gefangenem, eine Nacht vor seiner Exekution in Frauenkleidern zu fliehen, die seine Gattin heimlich eingeschmuggelt hatte.
Heute erinnert ein Gedenkstein in den nahe gelegenen Trinity Gardens an das einstige Schafott.

Regeln für die veränderte Getrennt- und Zusammenschreibung

- Fügungen aus Substantiv und Verb, in denen das Substantiv eindeutig als solches verwendet wird, werden getrennt geschrieben. Zusammengeschrieben werden ausschließlich Fügungen aus *heim-*, *irre-*, *preis-*, *stand-*, *statt-*, *teil-*, *wett-* und *wunder-* + Verb.
- Fügungen aus *-wärts* und *-einander* und Verb werden getrennt geschrieben (*zueinander passen/zueinander finden, aufeinander prallen*).
- Ist der erste Bestandteil der Wortverbindung ein Partizip, so wird immer getrennt geschrieben.
- Verbindungen mit dem Verb *sein* werden immer getrennt geschrieben.
- Man schreibt eine Wortfügung getrennt, wenn der erste Bestandteil gesteigert oder erweitert werden kann. In mehrdeutigen Zweifelsfällen ist Getrennt- oder Zusammenschreibung zulässig (*weiter reichende/weitreichendere*).
- Zusammengesetzte Adverbien werden getrennt vom Verb geschrieben (*anheim stellen* wie *zunichte machen*).

27. Überlebenschancen beim Absturz

Eines sollten Sie sich bei aller Angst einmal deutlich machen: Ihre Überlebenschancen bei einem Flugzeugabsturz sind eigentlich ziemlich gut! Natürlich wird Sie im Falle eines Falles zunächst Panik **gefangennehmen**, das ist **leichtverständlich**.
Sie wollen sofort alles **stehenlassen** und die Maschine auf der Stelle verlassen? Auch das ist in dieser besonderen Situation nachvollziehbar. Doch so schnell ist hier oben noch keiner **abhandengekommen**! Also müssen Sie zunächst vor allem ruhig bleiben und mit Ihren körperlichen und geistigen Kräften voll **dasein**.
Behalten Sie Ihre Schuhe bei Start und Landung vorsichtshalber immer an, da sie sonst bei Turbulenzen oder Störungen durch das Flugzeug wirbeln. Brillenträger sollten besser Kontaktlinsen tragen, ansonsten aber vor einer Notlandung die Brille absetzen und **irgend etwas** vor die Augen halten, um sie vor möglichen Verletzungen durch brechendes Glas zu schützen. Spannen Sie die Sicherheitsgurte bei Start und Landung immer straff über die Hüften, sonst rutschen Sie bei einem Unfall heraus und ziehen sich innere Verletzungen zu. Die richtige Körperstellung verhindert, daß Sie mit anderen Gegenständen **aufeinanderprallen**. Auch wenn alles **durcheinandergeht** – verlassen Sie das Flugzeug erst nach ausdrücklicher Aufforderung durch das Flugzeugpersonal. Denken Sie in diesem Augenblick nicht daran, ob Sie alles **beieinanderhaben**, Ihr Leben ist wichtiger als Ihre Brieftasche!
Wieviele von Ihnen werden sich jetzt fragen, ob die Wahl des Sitzplatzes auch von Vorteil sein kann. Experten sagen jedoch, daß kein Teil der Kabine sicherer ist als der andere. Dafür sind die Unfälle zu unterschiedlich. Sie können also mit irgendeinem Plätzchen **vorliebnehmen**, Ihren Nachbarn über einem Tütchen Erdnüsse **kennenlernen** und daran denken, daß das Flugzeug bis jetzt immer noch das sicherste Verkehrsmittel ist.

27. Überlebenschancen beim Absturz

Eines sollten Sie sich bei aller Angst einmal deutlich machen: Ihre Überlebenschancen bei einem Flugzeugabsturz sind eigentlich ziemlich gut! Natürlich wird Sie im Falle eines Falles zunächst Panik gefangen nehmen, das ist leicht verständlich.
Sie wollen sofort alles stehen lassen und die Maschine auf der Stelle verlassen? Auch das ist in dieser besonderen Situation nachvollziehbar. Doch so schnell ist hier oben noch keiner abhanden gekommen! Also müssen Sie zunächst vor allem ruhig bleiben und mit Ihren körperlichen und geistigen Kräften voll da sein.
Behalten Sie Ihre Schuhe bei Start und Landung vorsichtshalber immer an, da sie sonst bei Turbulenzen oder Störungen durch das Flugzeug wirbeln. Brillenträger sollten besser Kontaktlinsen tragen, ansonsten aber vor einer Notlandung die Brille absetzen und irgendetwas vor die Augen halten um sie vor möglichen Verletzungen durch brechendes Glas zu schützen. Spannen Sie die Sicherheitsgurte bei Start und Landung immer straff über die Hüften, sonst rutschen Sie bei einem Unfall heraus und ziehen sich innere Verletzungen zu. Die richtige Körperstellung verhindert, dass Sie mit anderen Gegenständen aufeinander prallen. Auch wenn alles durcheinander geht – verlassen Sie das Flugzeug erst nach ausdrücklicher Aufforderung durch das Flugzeugpersonal. Denken Sie in diesem Augenblick nicht daran, ob Sie alles beieinander haben, Ihr Leben ist wichtiger als Ihre Brieftasche!
Wie viele von Ihnen werden sich jetzt fragen, ob die Wahl des Sitzplatzes auch von Vorteil sein kann. Experten sagen jedoch, dass kein Teil der Kabine sicherer ist als der andere. Dafür sind die Unfälle zu unterschiedlich. Sie können also mit irgendeinem Plätzchen vorlieb nehmen, Ihren Nachbarn über einem Tütchen Erdnüsse kennen lernen und daran denken, dass das Flugzeug bis jetzt immer noch das sicherste Verkehrsmittel ist.

Regeln für die veränderte Getrennt- und Zusammenschreibung

- Ist der erste Bestandteil der Wortverbindung ein Partizip, so wird immer getrennt geschrieben.
- Man schreibt getrennt, wenn der erste Bestandteil erweitert oder gesteigert werden kann.
- Ist der erste Bestandteil ein Verb, so wird immer getrennt geschrieben.
- Zusammengesetzte Adverbien werden getrennt vom Verb geschrieben.
- Verbindungen mit dem Verb *sein* werden immer getrennt geschrieben.
- *-irgend* verbindet sich mit dem nachfolgenden Bestandteil immer zu einem Wort (Ausnahme: Die Zusammenschreibung wird durch die Erweiterung des zweiten Bestandteils wieder aufgehoben wie z.B. in *irgend so eine*).
- Alle Fügungen aus *-einander* und Verb werden getrennt geschrieben.

28. Happy (Week)end?

Fast zwei Millionen Ehepaare können zwar täglich aneinander denken, sehen sich jedoch lediglich zwischen Freitag und Sonntag. Sie führen eine Art „Teilzeitehe“, in der sich die ersehnten Wochenenden nicht immer problemlos **aneinanderfügen**.
Es ist oftmals **leichtverständlich**, wenn berufliche Gründe dafür ausschlaggebend sind, sich räumlich zu trennen: Eine **gewinnbringende** Stellung oder eine Beförderung winkt.
Die Hälfte der **getrenntlebenden** Paare trennt sich jedoch nach drei bis fünf Jahren endgültig, so daß die Liebe auf Distanz wohl als heikle Angelegenheit bezeichnet werden muß, die nicht so einfach **zuwege** zu bringen ist.
Doch wie sieht es mit denjenigen aus, die zusammenleben?
Kann man den Ergebnissen von Befragungen glauben, aus denen hervorgeht, daß Verheiratete täglich sieben Minuten miteinander reden, ihre Gespräche sich fast ausschließlich um alltägliche Erledigungen drehen und gemeinsame Unternehmungen überwiegend aufs Essen beschränkt sind? Wenn beide nicht gerade zusammen fernsehen, dann ist also eher Auto fahren zum nächsten Supermarkt statt **eislaufen** angesagt?
In jeder Beziehung ist es schwierig, den richtigen Ausgleich zwischen Nähe und Distanz zu finden – das war zu keiner Zeit anders.
Heute jedoch gehört die Trennung auf Zeit für einige Berufsgruppen zum **festumrissenen** Alltag, auch wenn sie **lästigfallen** mag. Sie wird nicht begeistert gewählt, was kann einem manchmal anderes **übrigbleiben**? Daneben gibt es auch Paare, die ganz bewußt verschiedene Wohnräume wählen, weil es mit ihrer Beziehung sonst **abwärtsgehen** würde.
Vielfältig sind die Möglichkeiten des Zusammenseins, unterschiedlich die Gefühle der Partner dabei. Ob zwei Menschen eine dauerhafte Gemeinschaft **zustande** bringen, hängt aber nicht zuletzt von der Gestaltung der Momente ab, die sie miteinander verbringen, und wie sie sich mit ihrer jeweiligen Situation **auseinandersetzen**.

Regeln für die veränderte Getrennt- und Zusammenschreibung

- Alle Fügungen aus *-einander* bzw. *-wärts* und Verb werden getrennt geschrieben. (Eine Differenzierung der Schreibung nach inhaltlichen Kriterien (wörtliche oder übertragene Bedeutung) wird in der Fügung *auseinander setzen* zu Gunsten der Getrenntschreibung aufgegeben.)
- Man schreibt eine Wortfügung getrennt, wenn der erste Bestandteil gesteigert oder erweitert werden kann. In mehrdeutigen Zweifelsfällen ist Getrennt- oder Zusammenschreibung zulässig (*weiter reichende/weitreichendere*).

28. Happy (Week)end?

Fast zwei Millionen Ehepaare können zwar täglich aneinander denken, sehen sich jedoch lediglich zwischen Freitag und Sonntag. Sie führen eine Art „Teilzeitehe“, in der sich die ersehnten Wochenenden nicht immer problemlos aneinander fügen.
Es ist oftmals leicht verständlich, wenn berufliche Gründe dafür ausschlaggebend sind, sich räumlich zu trennen: Eine Gewinn bringende Stellung oder eine Beförderung winkt.
Die Hälfte der getrennt lebenden Paare trennt sich jedoch nach drei bis fünf Jahren endgültig, so dass die Liebe auf Distanz wohl als heikle Angelegenheit bezeichnet werden muss, die nicht so einfach zuwege/zu Wege zu bringen ist.
Doch wie sieht es mit denjenigen aus, die zusammenleben?
Kann man den Ergebnissen von Befragungen glauben, aus denen hervorgeht, dass Verheiratete täglich sieben Minuten miteinander reden, ihre Gespräche sich fast ausschließlich um alltägliche Erledigungen drehen und gemeinsame Unternehmungen überwiegend aufs Essen beschränkt sind? Wenn beide nicht gerade zusammen fernsehen, dann ist also eher Auto fahren zum nächsten Supermarkt statt Eis laufen angesagt?
In jeder Beziehung ist es schwierig, den richtigen Ausgleich zwischen Nähe und Distanz zu finden – das war zu keiner Zeit anders.
Heute jedoch gehört die Trennung auf Zeit für einige Berufsgruppen zum fest umrissenen Alltag, auch wenn sie lästig fallen mag. Sie wird nicht begeistert gewählt, was kann einem manchmal anderes übrig bleiben? Daneben gibt es auch Paare, die ganz bewusst verschiedene Wohnräume wählen, weil es mit ihrer Beziehung sonst abwärts gehen würde.
Vielfältig sind die Möglichkeiten des Zusammenseins, unterschiedlich die Gefühle der Partner dabei. Ob zwei Menschen eine dauerhafte Gemeinschaft zustande/zu Stande bringen, hängt aber nicht zuletzt von der Gestaltung der Momente ab, die sie miteinander verbringen, und wie sie sich mit ihrer jeweiligen Situation auseinander setzen.

- Fügungen aus Verb und Partizip werden immer getrennt geschrieben.
- Die bereits bestehende Wahl zwischen Getrennt- und Zusammenschreibung einiger Fügungen wird auf entsprechende Fälle ausgedehnt.
- Fügungen aus Substantiv und Verb, in denen das Substantiv eindeutig als solches verwendet wird, werden getrennt geschrieben. Zusammengeschrieben werden ausschließlich Fügungen aus *heim-*, *irre-*, *preis-*, *stand-*, *statt-*, *teil-*, *wett-* und *wunder-* + Verb.
- Alle Fügungen aus abgeleiteten Adjektiven auf *-ig, -isch, -lich* und Verb werden getrennt geschrieben.

29. Wandertag

Klaus konnte sich an diesen Wandertag mit seiner Klasse noch besonders gut erinnern. Es war der Tag gewesen, an dem sein Vater ihnen morgens am Frühstückstisch verkündete, daß er beruflich nicht weiter **vorwärtskommen** und voraussichtlich heute **bankrottgehen** würde. Er arbeitete in der **papierverarbeitenden** Industrie und war so gut wie nie zu Hause. Klaus mußte sich zusammennehmen, um nicht in Jubelschreie auszubrechen. Bedeutete das nicht ganz klar, daß er ihn jetzt öfter sehen würde? Vor Freude, die ihn bei diesem Gedanken **gefangennahm**, wollte er am liebsten im Garten **radschlagen**.
Beim Anblick des sorgenvollen Gesichts seiner Mutter riß er sich aber zusammen und starrte angestrengt auf sein geköpftes Frühstücksei. Sie schlußfolgerte daraus, daß er fertig sei, und schickte ihn zum **Klavierspielen** ins Nachbarzimmer. Dann fing sie an, auf seinen Vater einzureden. Seine **englischsprechenden** Eltern wollten wie immer nicht, daß er etwas von den Problemen in der Familie erfuhr, und wechselten so in seiner Gegenwart die Sprache.
Klaus klimperte lustlos auf dem Klavier herum. Dann begab er sich in den Garten, um sein Fahrrad zu holen, das unter der **schattenspendenden** Kastanie stand. Er wollte noch schnell etwas **probefahren**, denn er würde mit seiner Klasse und einem teilnehmenden, **aufsichtführenden** Lehrer an einen **nahegelegenen** Badesee fahren.
Als er mit seinem Fahrrad um die Ecke bog, sah er seinen Vater in Jeans und Hemd an der Mülltonne, in die er gerade seinen teuren Anzug stopfte, den er eben noch getragen hatte. Er sah Klaus, drehte sich um und sagte: „Die Termine sind alle **verlorengegangen**. Ich komme mit euch mit. Gehen wir?"

29. Wandertag

Klaus konnte sich an diesen Wandertag mit seiner Klasse noch besonders gut erinnern. Es war der Tag gewesen, an dem sein Vater ihnen morgens am Frühstückstisch verkündete, dass er beruflich nicht weiter vorwärts kommen und voraussichtlich heute Bankrott gehen würde. Er arbeitete in der Papier verarbeitenden Industrie und war so gut wie nie zu Hause. Klaus musste sich zusammennehmen um nicht in Jubelschreie auszubrechen. Bedeutete das nicht ganz klar, dass er ihn jetzt öfter sehen würde? Vor Freude, die ihn bei diesem Gedanken gefangen nahm, wollte er am liebsten im Garten Rad schlagen.
Beim Anblick des sorgenvollen Gesichts seiner Mutter riss er sich aber zusammen und starrte angestrengt auf sein geköpftes Frühstücksei. Sie schlussfolgerte daraus, dass er fertig sei und schickte ihn zum Klavier spielen ins Nachbarzimmer. Dann fing sie an auf seinen Vater einzureden. Seine Englisch sprechenden Eltern wollten wie immer nicht, dass er etwas von den Problemen in der Familie erfuhr und wechselten so in seiner Gegenwart die Sprache.
Klaus klimperte lustlos auf dem Klavier herum. Dann begab er sich in den Garten um sein Fahrrad zu holen, das unter der Schatten spendenden Kastanie stand. Er wollte noch schnell etwas Probe fahren, denn er würde mit seiner Klasse und einem teilnehmenden, Aufsicht führenden Lehrer an einen nahe gelegenen Badesee fahren.
Als er mit seinem Fahrrad um die Ecke bog, sah er seinen Vater in Jeans und Hemd an der Mülltonne, in die er gerade seinen teuren Anzug stopfte, den er eben noch getragen hatte. Er sah Klaus, drehte sich um und sagte: „Die Termine sind alle verloren gegangen. Ich komme mit euch mit. Gehen wir?“

Regeln für die veränderte Getrennt- und Zusammenschreibung

- Fügungen aus -*wärts* und Verb werden getrennt geschrieben.
- Fügungen aus Substantiv und Verb, in denen das Substantiv eindeutig als solches verwendet wird, werden getrennt geschrieben (Ausnahme: Fälle, in denen das Substantiv verblasst ist, z.B. *teilnehmen*).
- Fügungen von Partizip und Verb werden getrennt geschrieben.
- Man schreibt eine Wortfügung getrennt, wenn der erste Bestandteil gesteigert oder erweitert werden kann (*näher gelegenen*).

V. Zeichensetzung

30. Rotkäppchens Ende

Aus dem Bauch des toten Wolfes kamen nun die sieben Geißlein und die Großmutter, die mit **süß-saurer** Miene ihre verrutschte Perücke zurechtrückte. Rotkäppchen war gerettet und heiratete aus Dankbarkeit den Jäger, der das böse Tier erledigt hatte. Ihre Zukunft plante sie auf einer **Hawaii-Insel**, wo sie zunächst eine Beschäftigung bei der örtlichen **Balletttruppe** fand. Ihr Mann hatte dort allerdings große Mühe, eine Tätigkeit zu finden. Das **Zoo-Orchester** stellte ihn für die Probe und Aufführung eines neuen Stückes ein, in dem er in regelmäßigen Abständen einen Schuß aus seinem Gewehr abgeben mußte. Doch das entsprach natürlich nicht seinen wahren Fähigkeiten, und er wurde unzufrieden. Schon bald zogen sie nach Südamerika, wo Rotkäppchen sich der **Tee-Ernte** und der Herstellung von **Kaffee-Ersatz** widmete. Die **Ichsucht** ihres Mannes ärgerte sie jedoch immer mehr, und sie sehnte sich nach dem naßkalten Wetter und den schneerhellten Wegen ihres Dorfes. Sie hinterließ ihm einen bitterbösen Brief und verließ das Land. Auf abenteuerlichen Wegen gelangte sie Wochen später auf einem **3tonner** in ihren Heimatort zurück. Von ihrer greisen Großmutter erfuhr sie, daß ein Vetter des verstorbenen Wolfes aufgetaucht war, der alle Bewohner mit **Leichtathletikwettkämpfen** tyrannisierte und sich **100prozentige** Rache geschworen hatte. Er hatte nie die Hoffnung aufgegeben, daß Rotkäppchen und der Jäger eines Tages wiederkommen würden, und malte jeden Abend das Datum in den **Flußsand** des ausgetrockneten Baches neben seinem Haus. Rotkäppchen traf vor Angst der Schlag, sie fiel in Ohnmacht und schlug mit dem Kopf auf die scharfzackige Vase, die auf dem **blau-roten** Tisch der Großmutter stand.

30. Rotkäppchens Ende

Aus dem Bauch des toten Wolfes kamen nun die sieben Geißlein und die Großmutter, die mit süßsaurer/süß-saurer Miene ihre verrutschte Perücke zurechtrückte. Rotkäppchen war gerettet und heiratete aus Dankbarkeit den Jäger, der das böse Tier erledigt hatte. Ihre Zukunft plante sie auf einer Hawaiiinsel/Hawaii-Insel, wo sie zunächst eine Beschäftigung bei der örtlichen Balletttruppe/Ballett-Truppe fand. Ihr Mann hatte dort allerdings große Mühe eine Tätigkeit zu finden. Das Zooorchester/Zoo-Orchester stellte ihn für die Probe und Aufführung eines neuen Stückes für kurze Zeit ein, in dem er in regelmäßigen Abständen einen Schuss aus seinem Gewehr abgeben mußte. Doch das entsprach natürlich nicht seinen wahren Fähigkeiten und er wurde unzufrieden. Schon bald zogen sie nach Südamerika, wo Rotkäppchen sich der Teeernte/Tee-Ernte und der Herstellung von Kaffeeersatz/Kaffee-Ersatz widmete. Die Ichsucht/Ich-Sucht ihres Mannes ärgerte sie jedoch immer mehr und sie sehnte sich nach dem nasskalten Wetter und den schneeerhellten/Schnee-erhellten Wegen ihres Dorfes. Sie hinterließ ihm einen bitterbösen Brief und verließ das Land. Auf abenteuerlichen Wegen gelangte sie Wochen später auf einem 3-Tonner in ihren Heimatort zurück. Von ihrer greisen Großmutter erfuhr sie, dass ein Vetter des verstorbenen Wolfes aufgetaucht war, der alle Bewohner mit Leichtathletik-Wettkämpfen tyrannisierte und sich 100-prozentige Rache geschworen hatte. Er hatte nie die Hoffnung aufgegeben, dass Rotkäppchen und der Jäger eines Tages wiederkommen würden und malte jeden Abend das Datum in den Flusssand/Fluss-Sand des ausgetrockneten Baches neben seinem Haus. Rotkäppchen traf vor Angst der Schlag, sie fiel in Ohnmacht und schlug mit dem Kopf auf den Rand der scharfzackigen Vase, die auf dem blau roten/blauroten Tisch der Großmutter stand.

Regeln für die veränderte Schreibweise mit Bindestrich

- In Zusammensetzungen aus gleichrangigen (nebengeordneten) Adjektiven *kann* ein Bindestrich gesetzt werden.
- Unübersichtliche Zusammenschreibungen können durch Bindestrich(e) gegliedert werden (z.B. beim Aufeinandertreffen von drei gleichen Vokalbuchstaben zwischen zusammengesetzten Substantiven).
- In Zusammensetzungen mit Ziffern wird generell ein Bindestrich gesetzt.

31. Besuch von draußen

Herr Bauer war sich **100prozentig** sicher, daß er etwas gehört hatte. Er drehte den Ton des Fernsehers leiser und lauschte angestrengt in Richtung der Tür seiner **17jährigen** Tochter. Nichts war zu hören. Auf dem Bildschirm versuchten Arbeiterinnen aus Indien stumm, ihm etwas von den Problemen der diesjährigen **Tee-Ernte** mitzuteilen.
Als Herr Bauer wieder zu seinem Sessel zurückging, hörte er es wieder. Es war wie das Geräusch eines **Jumbo-Jets**, der dicht über dem Haus zu kreisen schien. Der Lärm war jetzt ohrenbetäubend. Während seines **10jährigen** Wohnens in diesem Haus hatte er nie ein derartiges Geräusch gehört. Um unter seine Gedanken einen **Schlußstrich** zu setzen, machte er sich auf den Weg zur Haustür. Doch als er die Zimmertür seines Arbeitszimmers öffnete, sah er, daß das ganze Haus in helles Licht getaucht war und seine Tochter erstarrt und mit offenem Munde in der geöffneten Haustür stand. Der ganze Himmel war von einem **schwarzrotgoldenen** Gegenstand bedeckt, von dem ein grelles, unheimliches Licht ausging. Herrn Bauer fielen die Fotos ein, die ihm sein Freund Husemann, Fachmann auf dem Gebiet der **Schiffahrt**, gezeigt hatte. Der Flugkörper am Himmel hatte eindeutig Ähnlichkeit mit den Objekten auf den Bildern, sie wirkten damals allerdings wie **Nußschalen**. Bei diesem Objekt handelte es sich aber mindestens um einen **200tonner**. Am liebsten hätte er sich hinter den **Rolladen** versteckt oder sich in ein **Bettuch** eingerollt, aber seine Tochter starrte ihn jetzt fragend an. Herr Bauer roch plötzlich ganz deutlich den würzigen Geruch seiner **After-Shave-Lotion**, und das beruhigte ihn. Auch wenn es sich um ein **Comeback** irgendwelcher Aliens handeln sollte, er konnte momentan sowieso nichts tun.

31. Besuch von draußen

Herr Bauer war sich 100-prozentig sicher, dass er etwas gehört hatte. Er drehte den Ton des Fernsehers leiser und lauschte angestrengt in Richtung der Tür seiner 17-jährigen Tochter. Nichts war zu hören. Auf dem Bildschirm versuchten Arbeiterinnen aus Indien stumm(,) ihm etwas von den Problemen der diesjährigen Teeernte/Tee-Ernte mitzuteilen. Als Herr Bauer wieder zu seinem Sessel zurückging, hörte er es wieder. Es war wie das Geräusch eines Jumbojets, der dicht über dem Haus zu kreisen schien. Der Lärm war jetzt ohrenbetäubend. Während seines 10-jährigen Wohnens in diesem Haus hatte er nie ein derartiges Geräusch gehört. Um unter seine Gedanken einen Schlussstrich/Schluss-Strich zu setzen, machte er sich auf den Weg zur Haustür. Doch als er die Zimmertür seines Arbeitszimmers öffnete, sah er, dass das ganze Haus in helles Licht getaucht war und seine Tochter erstarrt und mit offenem Munde in der geöffneten Haustür stand. Der ganze Himmel war von einem schwarzrotgoldenen/schwarz-rot-goldenen Gegenstand bedeckt, von dem ein grelles, unheimliches Licht ausging. Herrn Bauer fielen die Fotos ein, die ihm sein Freund Husemann, Fachmann auf dem Gebiet der Schifffahrt/Schiff-Fahrt, gezeigt hatte. Der Flugkörper am Himmel hatte eindeutig Ähnlichkeit mit den Objekten auf den Bildern, sie wirkten damals allerdings wie Nussschalen/Nuss-Schalen. Bei diesem Objekt handelte es sich aber mindestens um einen 200-Tonner. Am liebsten hätte er sich hinter den Rollladen/Roll-Laden versteckt oder sich in ein Betttuch/Bett-Tuch eingerollt, aber seine Tochter starrte ihn jetzt fragend an. Herr Bauer roch plötzlich ganz deutlich den würzigen Geruch seiner Aftershavelotion/After-Shave-Lotion und das beruhigte ihn. Auch wenn es sich um ein Come-back/Comeback irgendwelcher Aliens handeln sollte, er konnte momentan sowieso nichts tun.

Regeln für die veränderte Schreibweise mit Bindestrich

- In Zusammensetzungen mit Ziffern wird generell ein Bindestrich gesetzt.
- Unübersichtliche Zusammenschreibungen können durch Bindestrich(e) gegliedert werden (z.B. beim Aufeinandertreffen von drei gleichen Vokalbuchstaben zwischen zusammengesetzten Substantiven).
- Anglizismen werden bevorzugt zusammengeschrieben, die Schreibung mit Bindestrich ist aber zulässig, wenn Unübersichtlichkeit befürchtet wird.
- Grafisch oder syntaktisch nicht vereinbare Bestandteile können mit einem Bindestrich als Einheit dargestellt werden.

32. Bettgeflüster

Bertha hatte noch gar nicht geschlafen, sondern sich unruhig von einer Seite auf die andere gerollt, als das Telefon klingelte. Sie nahm den Hörer ab.
„Habe ich dich geweckt?“ hörte sie am anderen Ende der Leitung die Stimme ihrer Mutter sagen.
„Von wegen!“ entgegnete sie. „Ich kann heute überhaupt nicht einschlafen und werde mich wohl weiter durch die Nacht quälen.“
„Mir geht das heute abend auch so, wahrscheinlich hat es mit dem Vollmond zu tun“, sagte ihre Mutter und seufzte. „Ich rufe aber noch aus einem anderen Grund an. Hast du von Frau Meiers Tochter gehört?“ fuhr sie fort, und ihre Stimme wurde immer lebhafter.
„Von welcher Frau Meier und welcher Tochter?“ kam es etwas entnervt von Bertha zurück.
„Aber Kind! Frau Meier aus meiner Töpfergruppe!“ gab Berthas Mutter mit leicht gekränkter Stimme darauf zurück. „Ich habe dir doch schon öfters erzählt, daß sie einen so unglücklichen Eindruck macht und nie etwas Privates erzählt wie die anderen.“ Sie war jetzt ganz aufgeregt.
Bertha lehnte sich zurück.
„Ist ihre Tochter eine Mörderin?“ fragte sie mit geheucheltem Interesse.
„Schlimmer! Es ist viel, viel schlimmer! Ihre Tochter Lisa ist schwanger… Und dabei ist sie doch erst 15 Jahre alt! Sie dachte doch, daß die beiden für die Klassenarbeiten üben! Und jetzt wird sie für ihre Gutgläubigkeit und ihr Vertrauen auch noch bestraft!“ schrie Berthas Mutter mit bebender Stimme in den Hörer.
Bertha griff nach einem Taschenbuch. „*Lisa* wird doch Mutter und muß sich mit der Tatsache beschäftigen, Frau Meier wird nur Oma!“ brummelte sie, und ihre Augenlider wurden immer schwerer.

32. Bettgeflüster

Bertha hatte noch gar nicht geschlafen, sondern sich unruhig von einer Seite auf die andere gerollt, als das Telefon klingelte. Sie nahm den Hörer ab.
„Habe ich dich geweckt?“, hörte sie am anderen Ende der Leitung die Stimme ihrer Mutter sagen.
„Von wegen!“, entgegnete sie. „Ich kann heute überhaupt nicht einschlafen und werde mich wohl weiter durch die Nacht quälen.“
„Mir geht das heute Abend auch so, wahrscheinlich hat es mit dem Vollmond zu tun“, sagte ihre Mutter und seufzte. „Ich rufe aber noch aus einem anderen Grund an. Hast du von Frau Meiers Tochter gehört?“, fuhr sie fort und ihre Stimme wurde immer lebhafter.
„Von welcher Frau Meier und welcher Tochter?“, kam es etwas entnervt von Bertha zurück.
„Aber Kind! Frau Meier aus meiner Töpfergruppe!“, gab Berthas Mutter mit leicht gekränkter Stimme darauf zurück. „Ich habe dir doch schon öfters erzählt, dass sie einen so unglücklichen Eindruck macht und nie etwas Privates erzählt wie die anderen.“ Sie war jetzt ganz aufgeregt.
Bertha lehnte sich zurück.
„Ist ihre Tochter eine Mörderin?“, fragte sie mit geheucheltem Interesse.
„Schlimmer! Es ist viel, viel schlimmer! Ihre Tochter Lisa ist schwanger… Und dabei ist sie doch erst 15 Jahre alt! Sie dachte doch, dass die beiden für die Klassenarbeiten üben! Und jetzt wird sie für ihre Gutgläubigkeit und ihr Vertrauen auch noch bestraft!“, schrie Berthas Mutter mit bebender Stimme in den Hörer.
Bertha griff nach einem Taschenbuch. „*Lisa* wird doch Mutter und muss sich mit der Tatsache beschäftigen, Frau Meier wird nur Oma!“, brummelte sie und ihre Augenlider wurden immer schwerer.

Regeln für die veränderte Kombination von Komma und Anführungszeichen

- Folgt einem Satz in Anführungszeichen ein Begleit- oder Kommentarsatz, so steht nach dem abschließenden Anführungszeichen auch dann ein Komma, wenn vor dem abschließenden Anführungszeichen ein Frage- oder Ausrufezeichen steht.

33. Selbstgespräche

„Was haben die Frauen nur gegen mich?“ fragte sich Walter und reckte sich wohlig in der Nachmittagssonne.
„Ich bin immer zu Späßen aufgelegt, guter Laune und sage stets die Wahrheit, was doch wirklich zu meinen Gunsten ausgelegt werden sollte!“ grübelte er weiter.
„Natürlich kann man mich mit einigem Recht als flatterhaft bezeichnen, denn nichts hält mich lange an einem Ort. Das Weiterziehen liegt mir eben im Blut, ist das etwa der Grund?“ überlegte er und lauschte dem Summen der Käfer und Bienen auf der Sommerwiese.
Er schüttelte den Kopf: „Die Damen meiner Wahl sind so hübsch bunt anzusehen, warum sind sie nur so gemein und machen sich stets über mich lustig?“
Ein besonders schillerndes Exemplar seiner Gattung kam an ihm vorbei, bedachte ihn mit einem mitleidigen Lächeln, machte die Bemerkung: „Wie kommt es, daß dein Kopf immer so zerrupft ist und du nur neben uns hockst, ohne etwas zu sagen?“ und kicherte dabei zu ihren Freundinnen herüber.
„Es liegt nur daran, daß ich so schüchtern bin. Wie soll man in Gegenwart dieser schwatzenden und aufgeregt flatternden Menge nicht die Flügel hängenlassen?“ fragte er sich danach enttäuscht.
So saß er da und zermarterte sich seinen kleinen Kopf. Doch als er merkte, daß die Sonne nicht mehr auf die Stelle schien, auf der er sich niedergelassen hatte, breitete Walter der Falter die Flügel aus, dachte sich: „Ach, was soll’s!“ und flog davon.

33. Selbstgespräche

„Was haben die Frauen nur gegen mich?“, fragte sich Walter und reckte sich wohlig in der Nachmittagssonne.
„Ich bin immer zu Späßen aufgelegt, guter Laune und sage stets die Wahrheit, was doch wirklich zu meinen Gunsten ausgelegt werden sollte!“, grübelte er weiter.
„Natürlich kann man mich mit einigem Recht als flatterhaft bezeichnen, denn nichts hält mich lange an einem Ort. Das Weiterziehen liegt mir eben im Blut, ist das etwa der Grund?“, überlegte er und lauschte dem Summen der Käfer und Bienen auf der Sommerwiese.
Er schüttelte den Kopf: „Die Damen meiner Wahl sind so hübsch bunt anzusehen, warum sind sie nur so gemein und machen sich stets über mich lustig?“
Ein besonders schillerndes Exemplar seiner Gattung kam an ihm vorbei, bedachte ihn mit einem mitleidigen Lächeln, machte die Bemerkung: „Wie kommt es, dass dein Kopf immer so zerrupft ist und du nur neben uns hockst ohne etwas zu sagen?“, und kicherte dabei zu ihren Freundinnen hinüber.
„Es liegt nur daran, dass ich so schüchtern bin. Wie soll man in Gegenwart dieser schwatzenden und aufgeregt flatternden Menge nicht die Flügel hängenlassen?“, fragte er sich danach enttäuscht.
So saß er da und zermarterte sich seinen kleinen Kopf. Doch als er merkte, dass die Sonne nicht mehr auf die Stelle schien, auf der er sich niedergelassen hatte, breitete Walter der Falter die Flügel aus, dachte sich: „Ach, was soll's!“, und flog davon.

Regeln für die veränderte Kombination von Komma und Anführungszeichen

- Folgt einem Satz in Anführungszeichen ein Begleit- oder Kommentarsatz, so steht nach dem abschließenden Anführungszeichen auch dann ein Komma, wenn vor dem abschließenden Anführungszeichen ein Frage- oder Ausrufezeichen steht.

34. Rive Gauche

Von der Jahrhundertwende bis gut in das erste Drittel unseres Jahrhunderts hinein war Paris das europäische Zentrum für Literatur und Kunst. Breite, von Bäumen gesäumte Boulevards schmückten die Stadt, und Maler dieser Zeit rühmten sie wegen ihrer idealen Lichtverhältnisse. Die Seine floß in träger Gemütlichkeit durch Paris und teilte die Stadt in zwei Hälften rechts und links von ihr: *La rive droite* und *la rive gauche*.
Abgesehen davon, daß Paris viele Künstler aus anderen europäischen Ländern anlockte, kamen auch Scharen von Amerikanern, die ihre Kreativität und Abenteuerlust nicht in der einengenden Atmosphäre der industrialisierten Vereinigten Staaten ausleben konnten.
Die traditionsreiche, vielfältige Kultur, die äußere Schönheit und das Flair der Stadt hatten es ihnen schnell angetan, und sie fühlten sich von der Mischung aus Lebensfreude und Lebensmut angeregt und in ihren künstlerischen Experimenten bestärkt.
Da sich der Stadtteil Montmartre auf der rechten Uferseite seit der Mitte des 19.Jahrhunderts mehr und mehr bevölkerte, begannen die französischen Modernisten, auf das linke Ufer auszuweichen, und sie siedelten sich in Montparnasse und im Quartier Latin an.
Der kulturelle Aufstieg des Rive Gauche begann.
Schriftsteller und Künstler mit regelmäßigem Einkommen, unter ihnen viele der neu zugewanderten amerikanischen Emigranten, zogen in elegante Wohnungen aus dem 17. und 18. Jahrhundert. Die finanziell weniger Abgesicherten traf man eher in kleinen, oftmals stikkigen und unsauberen Zimmern im 5. oder 6. Arrondissement, und um sich in das kulturelle Leben zu integrieren, bewegten sie sich oft zwischen den Cafés und Buchläden dieses Viertels.
Noch gut 50 Jahre später läßt sich der einstige Charme und die Lebendigkeit des linken Ufers erahnen, auch wenn man nach Zeugnissen aus dieser Zeit mitunter etwas suchen muß.

34. Rive Gauche

Von der Jahrhundertwende bis gut in das erste Drittel unseres Jahrhunderts hinein war Paris das eurpäische Zentrum für Literatur und Kunst. Breite, von Bäumen gesäumte Boulevards schmückten die Stadt (,) und Maler dieser Zeit rühmten sie wegen ihrer idealen Lichtverhältnisse. Die Seine floss in träger Gemütlichkeit durch Paris und teilte die Stadt in zwei Hälften rechts und links von ihr: *La rive droite* und *la rive gauche*.
Abgesehen davon (,) dass Paris viele Künstler aus anderen europäischen Ländern anlockte, kamen auch Scharen von Amerikanern, die ihre Kreativität und Abenteuerlust nicht in der einengenden Atmosphäre der industrialisierten Vereinigten Staaten ausleben konnten. Die traditionsreiche, vielfältige Kultur, die äußere Schönheit und das Flair der Stadt hatten es ihnen schnell angetan (,) und sie fühlten sich von der Mischung aus Lebensfreude und Lebensmut angeregt und in ihren künstlerischen Experimenten bestärkt.
Da sich der Stadtteil Montmartre auf der rechten Uferseite seit der Mitte des 19.Jahrhunderts mehr und mehr bevölkerte, begannen die französischen Modernisten auf das linke Ufer auszuweichen (,) und sie siedelten sich in Montparnasse und im Quartier Latin an. Der kulturelle Aufstieg des Rive Gauche begann.
Schriftsteller und Künstler mit regelmäßigem Einkommen, unter ihnen viele der neu zugewanderten amerikanischen Emigranten, zogen in elegante Wohnungen aus dem 17. und 18. Jahrhundert. Die finanziell weniger Abgesicherten traf man eher in kleinen, oftmals stickigen und unsauberen Zimmern im 5. oder 6. Arrondissement (,) und um sich in das kulturelle Leben zu integrieren bewegten sie sich oft zwischen den Cafés und Buchläden dieser Viertels.
Noch gut 50 Jahre später läßt sich der einstige Charme und die Lebendigkeit des linken Ufers erahnen, auch wenn man nach Zeugnissen aus dieser Zeit mitunter etwas suchen muss.

Regeln für die veränderte Kommasetzung vor *und* und *oder*

- Verbinden *und* oder *oder* selbstständige gleichrangige Sätze oder gleichrangige Nebensätze (Gliedsätze), dann steht in der Regel kein Komma. Man kann aber ein Komma setzen um die Gliederung des Satzes zu verdeutlichen oder Missverständnisse auszuschließen.
- Werden die Teile bestimmter Fügungen, in denen eine Konjunktion mit einem Adverb, Partizip o.ä. zusammentrifft (z.B. *abgesehen davon (,) dass...*), nicht als Einheit angesehen, dann kann vor der eigentlichen Konjunktion ein (zusätzliches) Komma stehen.
- Ein Komma kann gesetzt werden, wenn die Konjunktionen *und* und *oder* ein Satzgefüge anschließen, das mit einem erweiterten Nebensatz oder einem Infinitiv beginnt. Auch das dient der Überschaubarkeit des Satzgefüges.

35. Aus aller Welt

Glücksburg
Frau Maja Schmidt, Glücksburg, Wächterstraße 12 hat heute in der Lotterie den ersten Preis gewonnen. Von 50 Einsendern wußte nur sie das gesuchte Lösungswort unseres beliebten Preisrätsels: „Glücksburg – die Stadt mit Perspektive“. Von dem Gewinn wird sich Frau Schmidt nach eigenen Angaben eine Eigentumswohnung im benachbarten Großbüttel, Eschenallee 40 kaufen. Die Redaktion des Glücksburger Anzeigers gratuliert der stolzen Gewinnerin und möchte für mögliche Interessenten darauf hinweisen, daß sie ihre Traumwohnung im „Glücksburger Immobilienkurier“, Heft 33, 1996, S. 45 gefunden hat. Ihre 92jährige Mutter, Elsbeth Schmidt, wird mit ihr die neue Traumwohnung beziehen und freut sich besonders auf die große Dachterrasse, von der eine überdachte Rutschbahn bequem ins Erdgeschoß führt. Ihre Pflegerin, Frau Sofia Reuter, freut sich ebenfalls über diese Entwicklung, denn auch für sie ist in der Wohnung ein Zimmer vorgesehen. Als Überraschung und Dank hat sie Frau Maja Schmidt eine entzückende Blumenvase, einige Spitzendeckchen, Stuhlkissen und was sie sonst noch so für ihre neue Einrichtung gebrauchen kann **(,)** geschenkt. Auch wir von der Redaktion werden am Tag ihres Einzuges mit einer Überraschung dabeisein und möchten unsere Leserschaft dazu aufrufen, an diesem Tag einen Teil des Empfangskomitees zu bilden und sich zu diesem Zweck gegen 8.30 Uhr in unserer Redaktion in Glücksburg, Teichweg 7 einzufinden. Die anderen werden dann am Montag, dem 6. April**,** in unserer nächsten Ausgabe den ausführlichen Bericht über die Festlichkeiten lesen können.

Der Verfasser dieser Meldung dankt auch seinen beiden Mitarbeitern, Hilde Stroh und Thorsten Mönzer, für die Informationen, die zur Entstehung dieser Meldung führten.

35. Aus aller Welt

Glücksburg
Frau Maja Schmidt, Glücksburg, Wächterstraße 12 (,) hat heute in der Lotterie den ersten Preis gewonnen. Von 50 Einsendern wusste nur sie das gesuchte Lösungswort unseres beliebten Preisrätsels: „Glücksburg – die Stadt mit Perspektive“. Von dem Gewinn wird sich Frau Schmidt nach eigenen Angaben eine Eigentumswohnung im benachbarten Großbüttel, Eschenallee 40 (,) kaufen. Die Redaktion des Glücksburger Anzeigers gratuliert der stolzen Gewinnerin und möchte für mögliche Interessenten darauf hinweisen, dass sie ihre Traumwohnung im „Glücksburger Immobilienkurier“, Heft 33, 1996, S. 45 (,) gefunden hat.
Ihre 92-jährige Mutter (,) Elsbeth Schmidt (,) wird mit ihr die neue Traumwohnung beziehen und freut sich besonders auf die große Dachterrasse, von der eine überdachte Rutschbahn bequem ins Erdgeschoss führt. Ihre Pflegerin (,) Frau Sofia Reuter (,) freut sich ebenfalls über diese Entwicklung, denn auch für sie ist in der Wohnung ein Zimmer vorgesehen. Als Überraschung und Dank hat sie Frau Maja Schmidt eine entzückende Blumenvase, einige Spitzendeckchen, Stuhlkissen und was sie sonst noch so für ihre neue Einrichtung gebrauchen kann , geschenkt. Auch wir von der Redaktion werden am Tag ihres Einzuges mit einer Überraschung dabei sein und möchten unsere Leserschaft dazu aufrufen, an diesem Tag einen Teil des Empfangskomitees zu bilden und sich zu diesem Zweck gegen 8.30 Uhr in unserer Redaktion in Glücksburg, Teichweg 7(,) einzufinden. Die anderen werden dann am Montag, dem 6. April (,) in unserer nächsten Ausgabe den ausführlichen Bericht über die Festlichkeiten lesen können.

Der Verfasser dieser Meldung dankt auch seinen beiden Mitarbeitern (,) Hilde Stroh und Thorsten Mönzer (,) für die Informationen, die zur Entstehung dieser Meldung führten.

Regeln für die veränderte Kommasetzung zwischen Satzteilen

- Die mehrteilige Wohnungs-, Datums- und Zeitangabe kann als Aufzählung oder als Fügung mit Beisatz aufgefasst werden. Die Kommasetzung ist so nach dem letzten Bestandteil freigestellt.
- In mehrteiligen Angaben von Stellen aus Büchern, Zeitschriften u.ä. ist die Kommasetzung nach der letzten Angabe ebenfalls freigestellt.
- Folgt dem nachgestellten Beisatz (der Apposition) der Name der betreffenden Person, so können die Kommas entfallen.
- Wird der übergeordnete Satz nach dem Nebensatz weitergeführt, so setzt man am Ende des Nebensatzes ein Komma.

36. Denk doch mal!

„Denk doch mal selber darüber nach!“ sagt so manch geplagter Lehrer und schaut dabei seinen Schüler, dem genau das oftmals zu mühsam ist und der alles erklärt haben will, eindringlich an. Zurück geht dieser Gedanke auf den deutschen Philosophen Immanuel Kant, der 1724 im ostpreußischen Königsberg geboren wurde. Sein Ausspruch „Habe Mut, dich deines eigenen Verstandes zu bedienen“ ist das Schlüsselwort der deutschen Aufklärung.

Der große Philosoph sah die Anstrengung, die im Denken lag, und er bezeichnete es nicht selten als eine recht verdrießliche Angelegenheit. Er selbst ist dem Denken jedoch Zeit seines Lebens nachgegangen beziehungsweise lehrte er zuerst als Privatdozent und später dann als Professor für Metaphysik und Logik.
Kant hat weder Reisen unternommen, noch hat er je seine nähere Umgebung verlassen. Und doch wußte er ausgezeichnet über die Welt, ihre Völker, Landschaften und Länder Bescheid.
Präzise Detailkenntnisse erlangte er entweder durch seine enorme Vorstellungskraft oder aus den Gesprächen mit Freunden, unter denen sich auch Kaufleute und Kapitäne aus fernen Ländern befanden. Sie berichteten ihm von anderen Sitten und Gebräuchen.
Viele Zeitgenossen betonten seine Offenheit gegenüber der Welt beziehungsweise sie hoben hervor, daß Kant trotz seiner schwachen gesundheitlichen Verfassung kein zurückgezogener Gelehrter war, sondern mitten im gesellschaftlichen und politischen Leben seiner Zeit stand.
Während seines ganzen Lebens hielt Kant sowohl am Fortschrittsglauben als auch an der Gleichheit der Menschen vor dem Gesetz und dem Wunsch nach Verteilung von Wissen, Bildung und Kultur fest.

36. Denk doch mal!

„Denk doch mal selber darüber nach!“, sagt so manch geplagter Lehrer und schaut dabei seinen Schüler, dem genau das oftmals zu mühsam ist und der alles erklärt haben will, eindringlich an.
Zurück geht dieser Gedanke auf den deutschen Philosophen Immanuel Kant, der 1724 im ostpreußischen Königsberg geboren wurde. Sein Ausspruch „Habe Mut, dich deines eigenen Verstandes zu bedienen“ ist das Schlüsselwort der deutschen Aufklärung.

Der große Philosoph sah die Anstrengung, die im Denken lag, und er bezeichnete es nicht selten als eine recht verdrießliche Angelegenheit. Er selbst ist dem Denken jedoch Zeit seines Lebens nachgegangen (,) beziehungsweise lehrte er zuerst als Privatdozent und später dann als Professor für Metaphysik und Logik.
Kant hat weder Reisen unternommen (,) noch hat er je seine nähere Umgebung verlassen. Und doch wusste er ausgezeichnet über die Welt, ihre Völker, Landschaften und Länder Bescheid.
Präzise Detailkenntnisse erlangte er entweder durch seine enorme Vorstellungskraft oder aus den Gesprächen mit Freunden, unter denen sich auch Kaufleute und Kapitäne aus fernen Ländern befanden. Sie berichteten ihm von anderen Sitten und Gebräuchen.
Viele Zeitgenossen betonten seine Offenheit gegenüber der Welt (,) beziehungsweise sie hoben hervor, dass Kant trotz seiner schwachen gesundheitlichen Verfassung kein zurückgezogener Gelehrter war, sondern mitten im gesellschaftlichen und politischen Leben seiner Zeit stand.
Während seines ganzen Lebens hielt Kant sowohl am Fortschrittsglauben als auch an der Gleichheit der Menschen vor dem Gesetz und dem Wunsch nach Verteilung von Wissen, Bildung und Kultur fest.

Regeln für die veränderte Kommasetzung zwischen Sätzen

- Es steht in der Regel kein Komma, wenn nebengeordnete Hauptsätze durch die Konjunktionen *und, oder, beziehungsweise, weder-noch* oder *entweder-oder* verbunden sind. Man kann aber hier ein Komma setzen um die Gliederung der Satzverbindung deutlich zu machen.

37. „Wie redet der bloß mit mir?"

Sebastian plant dieses Jahr, in Norwegen einen Skikurs zu belegen und endlich das Skilaufen zu lernen, was ihn seit Jahren begeistert. Von seiner guten Idee begeistert, läuft er sogleich zu Katja ins Badezimmer und sagt: „Wenn wir diesen Winter nach Norwegen fahren, werde ich einen Skikurs belegen." Vor Wut aus der Wanne springend, fährt sie ihn an: „Das sieht dir mal wieder ähnlich! Du denkst wie immer nur an dich und kommst dann auch noch herein, um mich zu stören!" Von ihrem unerwarteten Ausbruch völlig entsetzt, starrt Sebastian sie mit großen Augen an. Es war doch gar nicht seine Absicht gewesen, sie damit zu ärgern. Was war passiert?
Um die verschiedenen Seiten einer Nachricht auseinanderzuhalten, unterscheiden die Kommunikationswissenschaftler unter anderem die Sachseite von der Beziehungsseite einer Nachricht.
Die Beziehungsseite einer Nachricht ist von großer Bedeutung für die Kommunikation zwischen zwei oder mehreren Menschen. Bei der Vermittlung einer Sache (Sebastian plant einen Skikurs im Urlaub) ist es immer von großer Bedeutung, auf das *Wie* zu achten. (Katja denkt: In welchem Ton er mit mir gesprochen hat! Wie meint er das? Er weiß genau, daß ich Skilaufen hasse!)
Sich an viele Gespräche mit Beteiligten erinnernd, sagen Psychologen und Ehetherapeuten, daß manche Menschen nur auf den Beziehungsaspekt einer Nachricht reagieren und den Inhalt gar nicht richtig zur Kenntnis nehmen. In erster Linie sind sie damit beschäftigt, das *Wie* der Nachricht zu bewerten.
Für das Gelingen eines Gesprächs ist es daher wichtig, sich die Formulierung einer Nachricht gut zu überlegen. Denn damit wird auch immer etwas über die Einstellung des Sprechers zu seinem Gegenüber ausgesagt.

37. „Wie redet der bloß mit mir?"

Sebastian plant dieses Jahr, in Norwegen einen Skikurs zu belegen und endlich das Skilaufen zu lernen, was ihn seit Jahren begeistert. Von seiner guten Idee begeistert (,) läuft er sogleich zu Katja ins Badezimmer und sagt: „Wenn wir diesen Winter nach Norwegen fahren, werde ich einen Skikurs belegen." Vor Wut aus der Wanne springend (,) fährt sie ihn an: „Das sieht dir ähnlich! Du denkst wie immer nur an dich und kommst dann auch noch herein um mich zu stören!" Von ihrem unerwarteten Ausbruch völlig entsetzt (,) starrt Sebastian sie mit großen Augen an. Es war doch gar nicht seine Absicht gewesen, sie damit zu ärgern. Was war passiert?
Um die verschiedenen Seiten einer Nachricht auseinander zu halten (,) unterscheiden die Kommunikationswissenschaftler unter anderem die Sachseite von der Beziehungsseite einer Nachricht.
Die Beziehungsseite einer Nachricht ist von großer Bedeutung für die Kommunikation zwischen zwei oder mehreren Menschen. Bei der Vermittlung einer Sache (Sebastian plant einen Skikurs im Urlaub) ist es immer von großer Bedeutung, auf das *Wie* zu achten. (Katja denkt: In welchem Ton er mit mir gesprochen hat! Wie meint er das? Er weiß genau, dass ich Ski laufen hasse!)
Sich an viele Gespräche mit Beteiligten erinnernd (,) sagen Psychologen und Ehetherapeuten, dass manche Menschen nur auf den Beziehungsaspekt einer Nachricht reagieren und den Inhalt gar nicht richtig zur Kenntnis nehmen. In erster Linie sind sie damit beschäftigt, das *Wie* der Nachricht zu bewerten.
Für das Gelingen eines Gesprächs ist es daher wichtig, sich die Formulierung einer Nachricht gut zu überlegen. Denn damit wird auch immer etwas über die Einstellung des Sprechers zu seinem Gegenüber ausgesagt.

Regeln für die veränderte Kommasetzung bei Infinitiv- und Partizipgruppen

- Bei Infinitiv- und Partizipgruppen muss kein Komma gesetzt werden. Ein Komma *kann* aber zur Verdeutlichung der Gliederung des ganzen Satzes gesetzt werden.
- Um inhaltliche Missverständnisse in einem Satz auszuschließen sollte ein Komma gesetzt werden.
- Es muss ein Komma gesetzt werden, wenn die Infinitiv- oder Partizipgruppe durch ein hinweisendes Wort angekündigt wird (z.B. *Daran,.../Es ist...,* usw.).

38. Filmfestspiele

Mit derzeitig 135 Kinoleinwänden und Zuschauerzahlen, die jährlich um 20% steigen, braucht sich Berlin seiner Kinolandschaft nicht zu schämen. Nach ihren Favoriten gefragt, geben viele Hollywood und Horror, Erstaufführungen und Experimente aller Art an. Auch Originalaufführungen in englischer Sprache erfreuen sich zunehmender Beliebtheit. Schlechte Karten haben dagegen die kleineren Programmkinos, die trotz des oftmals interessanten Angebots Angst haben, ihre Existenz zu verlieren. Nach wie vor sind sie aber das Programm täglich zu wechseln entschlossen. Dieser Anspruch zieht ein kleines, interessiertes Publikum an, das an filmischen Produkten jenseits der Kassenschlager interessiert ist.

Jährlich im Februar finden in Berlin die Filmfestspiele statt. Sie dauern zwei Wochen, in denen mehr als 300 Filme gezeigt werden. Schon Wochen vorher sind die Premieren und die Sonderveranstaltungen ausverkauft. So ist es nicht allen Fans möglich, die Ehrung des jeweiligen bekannten Schauspielers oder Regisseurs selbst zu erleben.
Zwei Tage vor der Eröffnung haben sich lange Schlangen vor den Vorverkaufsstellen gebildet. Menschen warten von morgens bis in den späten Nachmittag, um noch eine Karte für die eine oder andere Aufführung zu bekommen. Immer wieder sieht man enttäuschte Gesichter an der Kasse: Ausverkauft! Etwas Schlimmeres, als drei Stunden umsonst zu warten, hätte einem heute wirklich kaum passieren können!
Doch diejenigen, die früh genug angekommen sind oder Glück gehabt haben, triumphieren, die ersehnte Karte in der Hand haltend.
Zufrieden an einem Stück Eiskonfekt kauend, sitzen sie abends im ausverkauften Kino. Der Vorhang geht auf, und Musik kündigt das Ereignis an: Das Fest hat begonnen, und es ist gut, ein Teil davon zu sein.

38. Filmfestspiele

Mit derzeitig 135 Kinoleinwänden und Zuschauerzahlen, die jährlich um 20% steigen, braucht sich Berlin seiner Kinolandschaft nicht zu schämen. Nach ihren Favoriten gefragt (,) geben viele Hollywood und Horror, Erstaufführungen und Experimente aller Art an. Auch Originalaufführungen in englischer Sprache erfreuen sich zunehmender Beliebtheit. Schlechte Karten haben dagegen die kleineren Programmkinos, die trotz des oftmals interessanten Angebots Angst haben (,) ihre Existenz zu verlieren. Nach wie vor sind sie aber das Programm täglich zu wechseln entschlossen. Dieser Anspruch zieht ein kleines, interessiertes Publikum an, das an filmischen Produkten jenseits der Kassenschlager interessiert ist.

Jährlich im Februar finden in Berlin die Filmfestspiele statt. Sie dauern zwei Wochen, in denen mehr als 300 Filme gezeigt werden. Schon Wochen vorher sind die Premieren und die Sonderveranstaltungen ausverkauft. So ist es nicht allen Fans möglich, die Ehrung des jeweiligen bekannten Schauspielers oder Regisseurs selbst zu erleben.
Zwei Tage vor der Eröffnung haben sich lange Schlangen vor den Vorverkaufsstellen gebildet. Menschen warten von morgens bis in den späten Nachmittag (,) um noch eine Karte für die eine oder andere Aufführung zu bekommen. Immer wieder sieht man enttäuschte Gesichter an der Kasse: Ausverkauft! Etwas Schlimmeres (,) als drei Stunden umsonst zu warten (,) hätte einem heute wirklich kaum passieren können!
Doch diejenigen, die früh genug angekommen sind oder Glück gehabt haben, triumphieren, die ersehnte Karte in der Hand haltend.
Zufrieden an einem Stück Eiskonfekt kauend (,) sitzen sie abends im ausverkauften Kino. Der Vorhang geht auf und Musik kündigt das Ereignis an: Das Fest hat begonnen und es ist gut, ein Teil davon zu sein.

Regeln für die veränderte Kommasetzung bei Infinitiv- und Partizipgruppen

- Bei Infinitiv- und Partizipgruppen muss kein Komma gesetzt werden. Ein Komma *kann* aber zur Verdeutlichung der Gliederung des ganzen Satzes gesetzt werden.
- Um inhaltliche Missverständnisse in einem Satz auszuschließen sollte ein Komma gesetzt werden.
- Ein Komma muss gesetzt werden, wenn die Infinitiv- oder Partizipgruppe nachgetragen wird, so dass sie aus der Satzkonstruktion herausfällt.
- Es muss ein Komma gesetzt werden, wenn die Infinitiv- oder Partizipgruppe durch ein hinweisendes Wort angekündigt wird (z.B. *Daran,.../Es ist...,* usw.).

VI. Worttrennung am Zeilenende

39. Am Teich

Fritzis Eltern hatten es ihrer Tochter ausdrücklich verboten, abends allein zum Karpfenteich zu gehen. Das wußte Fritzi nur zu gut. Doch an diesem Nachmittag belauschte sie heimlich ein Gespräch zwischen ihrem älteren Bruder **Udo** und seinem Freund Thorsten, das sich um den Teich und seinen mysteriösen Inhalt drehte. Die Jungen saßen in ihren **We-sten** gemütlich auf Udos Bett und erzählten, daß vor vielen Jahren angeblich ein Fischer in einem Boot von einem riesigen Fisch auf den Grund des Teiches gezogen wurde. Der Fischer hatte den Fisch **fe-ste** an der Angel gehabt, aber das Tier mußte wohl so groß **oder** so kräftig gewesen sein, daß es den Mann in die Tiefe riß. Seitdem hörte man angeblich die Klagerufe der trauernden Witwe, die einem jeden, der sie zu hören bekam, das Herz zerrissen.
Fritzi kroch ein Schauer der Angst und Aufregung über den Rücken.

Am **Abend** ging sie früh ins Bett, starrte auf das **Mu-ster** auf der Tapete an der Wand und wartete auf das Schnarchen ihrer Eltern und **Udos**, das wenig später durch die dünnen Wände **sik-ker-te**. Dann zog sie sich an und schlüpfte schnell aus dem Zimmer.
Das Türschloß der Haustür **ra-ste-te** geräuschvoll ein, und kurze Zeit später war sie unten am Teich, der im hellen Mondschein ganz friedlich aussah. Sie setzte sich auf eine **trok-ke-ne Ki-ste** ans **Ufer** und blickte auf das Wasser.
Plötzlich sah sie zwei Schatten hinter dem Gebüsch. Das mußte die Witwe sein! Schnell eilte sie zu der **Hek-ke**, hinter der allerdings nur **Udo** und Thorsten saßen und sich fast **be-klek-ker-ten** vor lauter Lachen.

39. Am Teich

Fritzis Eltern hatten es ihrer Tochter ausdrücklich verboten, abends allein zum Karpfenteich zu gehen. Das wusste Fritzi nur zu gut. Doch an diesem Nachmittag belauschte sie heimlich ein Gespräch zwischen ihrem älteren Bruder U-do und seinem Freund Thorsten, das sich um den Teich und seinen mysteriösen Inhalt drehte. Die Jungen saßen in ihren Wes-ten gemütlich auf Udos Bett und erzählten, dass vor vielen Jahren angeblich ein Fischer in einem Boot von einem riesigen Fisch auf den Grund des Teiches gezogen wurde. Der Fischer hatte den Fisch fes-te an der Angel gehabt, aber das Tier musste wohl so groß o-der so kräftig gewesen sein, dass es den Mann in die Tiefe riss. Seitdem hörte man angeblich die Klagerufe der trauernden Witwe, die einem jeden, der sie zu hören bekam, das Herz zerrissen.
Fritzi kroch ein Schauer der Angst und Aufregung über den Rücken.

Am A-bend ging sie früh ins Bett, starrte auf das Mus-ter auf der Tapete an der Wand und wartete auf das Schnarchen ihrer Eltern und U-dos, das wenig später durch die dünnen Wände si-cker-te. Dann zog sie sich an und schlüpfte schnell aus dem Zimmer.
Das Türschloß der Haustür ras-te-te geräuschvoll ein und kurze Zeit später war sie unten am Teich, der im hellen Mondschein ganz friedlich aussah. Sie setzte sich auf eine tro-ckene Kis-te ans U-fer und blickte auf das Wasser.
Plötzlich sah sie zwei Schatten hinter dem Gebüsch. Das musste die Witwe sein! Schnell eilte sie zu der He-cke, hinter der allerdings nur U-do und Thorsten saßen und sich fast be-kle-cker-ten vor lauter Lachen.

Regeln für die veränderte Worttrennung am Zeilenende

- Ein einzelner Vokalbuchstabe darf in einfachen Wörtern am Wortanfang abgetrennt werden. Der einzelne Konsonantenbuchstabe, der zwischen zwei Vokalbuchstaben steht, rückt dann bei der Worttrennung auf die neue Zeile.
- Auch die Buchstabenverbindung *st* wird getrennt: Stehen mehrere Konsonantenbuchstaben hintereinander, dann rückt der letzte Konsonant der Reihe auf die neue Zeile.
- *ck* wird als Buchstabenverbindung betrachtet und somit nicht mehr getrennt.

40. Gebrauchsanweisung für Igel

Seien Sie auf der Hut vor **Igeln**! Besonders an dunklen Herbstabenden finden die kleinen Tiere das Herumkriechen zwischen raschelnden Blättern **in-ter-es-sant**.
Ra-sten Sie nicht gleich aus, wenn ein **Igel** über die Straße **zuk-kelt** und Sie damit zu einer Vollbremsung zwingt. Ein **Igel** ist nun mal kein **He-li-ko-pter**!
Sollte er Ihnen in einer kalten Nacht im **Fe-bru-ar** begegnen, dann lassen Sie ihn in der **lä-sti-gen** Kälte nicht erfrieren!
Nehmen Sie den **Igel** mit nach Hause und legen Sie ihn nicht etwa einfach nur auf das blanke **Lin-ole-um** ihres Küchenbodens! Natürlich braucht der Igel auch keine **mö-blierte** Unterkunft! Legen Sie ihn in eine **trok-ke-ne Ki-ste** ohne **Dek-kel** auf etwas Heu oder Stroh. Stellen Sie den **Ka-sten** an eine ruhige Stelle, und schauen Sie während des ersten **Abends** öfter nach ihm. Vermeiden Sie großen Lärm, denn die Tiere empfinden **Lärm-be-lä-sti-gung** als großen Streß.

Bewegt sich der **Igel** bereits nach einiger Zeit emsig in der **Ki-ste** und schaut nach der Öff-nung, dann kann das ein **Si-gnal** dafür sein, daß er Hunger hat. Vielleicht läuft er auch nur etwas herum, denn **Igel** sind nachtaktive Tiere. Füttern können Sie den **Igel** mit verdünnter Milch und einem Brei aus zerkleinerten Insekten, Würmern, Wasser und **Flok-ken**. Sollten Sie diese Dinge nicht in Ihrem Kühlschrank haben, dann kaufen Sie eine spezielle Mi-schung in der Tierhandlung oder der **Apo-the-ke**.
Mit etwas Pflege und Glück überwintert Ihr **Igel** und kommt Sie im nächsten Frühjahr viel-leicht **abends** von Zeit zu Zeit in Ihrem Garten besuchen.

40. Gebrauchsanweisung für Igel

Seien Sie auf der Hut vor I-geln! Besonders an dunklen Herbstabenden finden die kleinen Tiere das Herumkriechen zwischen raschelnden Blättern in-ter-es-sant/in-te-res-sant. Ras-ten Sie nicht gleich aus, wenn ein I-gel über die Straße zu-ckelt und Sie damit zu einer Vollbremsung zwingt. Ein I-gel ist nun mal kein He-li-ko-pter/He-li-kop-ter!
Sollte er Ihnen in einer kalten Nacht im Fe-bru-ar/Feb-ruar begegnen, dann lassen Sie ihn in der läs-ti-gen Kälte nicht erfrieren!
Nehmen Sie den I-gel mit nach Hause und legen Sie ihn nicht etwa einfach nur auf das blanke Lin-ole-um/Li-no-le-um Ihres Küchenbodens! Natürlich braucht der Igel auch keine mö-blier-te/möb-lier-te Unterkunft! Legen Sie ihn in eine tro-cke-ne Kis-te ohne De-ckel auf etwas Heu oder Stroh. Stellen Sie den Kas-ten an eine ruhige Stelle und schauen Sie während des ersten A-bends öfter nach ihm. Vermeiden Sie großen Lärm, denn die Tiere empfinden Lärm-be-läs-ti-gung als großen Stress.

Bewegt sich der I-gel bereits nach einiger Zeit emsig in der Kis-te und schaut nach der Öffnung, dann kann das ein Si-gnal/Sig-nal dafür sein, dass er Hunger hat. Vielleicht läuft er auch nur etwas herum, denn I-gel sind nachtaktive Tiere. Füttern können Sie den I-gel mit verdünnter Milch und einem Brei aus zerkleinerten Insekten, Würmern, Wasser und Flo-cken. Sollten Sie diese Dinge nicht in Ihrem Kühlschrank haben, dann kaufen Sie eine spezielle Mischung in der Tierhandlung oder der A-po-the-ke.
Mit etwas Pflege und Glück überwintert Ihr I-gel und kommt Sie im nächsten Frühjahr vielleicht a-bends von Zeit zu Zeit in Ihrem Garten besuchen.

Regeln für die veränderte Worttrennung am Zeilenende

- Ein einzelner Vokalbuchstabe darf in einfachen Wörtern am Wortanfang abgetrennt werden. Der einzelne Konsonantenbuchstabe, der zwischen zwei Vokalbuchstaben steht, rückt dann bei der Worttrennung auf die neue Zeile.
- Fremdwörter trennt man wie deutsche Wörter nach ihren Bestandteilen. Erkennt man die Wortbausteine nicht, so können fremdsprachliche Wörter wie deutsche Wörter getrennt werden.
- Konsonantenverbindungen mit *l, n* und *r* können getrennt werden oder ungetrennt bleiben.
- *ck* wird als Buchstabenverbindung betrachtet und somit nicht mehr getrennt.
- Auch die Buchstabenverbindung *st* wird getrennt: Stehen mehrere Konsonantenbuchstaben hintereinander, dann rückt der letzte Konsonant der Reihe auf die neue Zeile.

41. Ein Lob der Vorspeise

Die Vorspeise ist für ein festliches Menü das, was die Ouvertüre für die **Oper** ist: Sie ist einfach unverzichtbar.
Ob sie aus einer Suppe, Röllchen aus gefüllten Gemüseblättern, einem Spinatsalat mit **Stük-ken** von Parmesan oder einem edlen Risotto besteht, immer soll die Vorspeise leicht, **lek-ker** und appetitlich sein.
Als kalte Vorspeisen eignen sich Gänseleber-Terrinen oder gefüllte Kalbsröllchen mit Kräuterfüllung **ebenso** wie festlich angerichtete Salate aus Geflügel- oder Kalbfleisch.
Auch Nudeln können durchaus Wirkung entfalten, **in-ter-es-sant** angerichtet auf einer **no-blen**, kalten Vorspeiseplatte. Lachs- oder **Hum-mer-pa-ste** auf Schnittchen ist eine besonders leichte Kost für den **er-sten** Gang.
Warme Suppen haben dagegen immer einen Hauch von **Nost-al-gie** und können in großen Porzellanschüsseln oder einzeln in Suppentassen serviert werden. **Mei-stens** lassen sie sich gut am Tage vorher zubereiten. Neben einer **ele-gan-ten** Weinsuppe mit Eischneebällchen (auch **Ane-mo-nen** genannt) hat man die Auswahl zwischen sämigen Suppen im Stile einer Erbsensuppe und klaren Brühen. Die Portionierung sollte eher knapp bemessen sein.
Re-ste kann man einfrieren.
An der Vorspeise soll man sich nicht **über-es-sen**! Sie soll langsam in den Magen **sik-kern**, ein warmes Wohlgefühl hinterlassen und den Geschmack auf den Hauptgang anregen.
Par-al-lel zur Vorspeise trinkt man einen leichten Weiß- oder Rotwein, der den **trok-ke-nen** Gaumen befeuchtet und den Appetit erhält.
Alles in allem wird es auch dem **hart-näk-kig-sten** Kostverächter schwerfallen, nach einer gelungenen Vorspeise über das Essen zu **mek-kern**.

41. Ein Lob der Vorspeise

Die Vorspeise ist für ein festliches Menü das, was die Ouvertüre für die O-per ist: Sie ist einfach unverzichtbar.
Ob sie aus einer Suppe, Röllchen aus gefüllten Gemüseblättern, einem Spinatsalat mit Stü-cken von Parmesan oder einem edlen Risotto besteht, immer soll die Vorspeise leicht, le-cker und appetitlich sein.
Als kalte Vorspeisen eignen sich Gänseleber-Terrinen oder gefüllte Kalbsröllchen mit Kräuterfüllung e-ben-so wie festlich angerichtete Salate aus Geflügel- oder Kalbfleisch. Auch Nudeln können durchaus Wirkung entfalten, in-ter-es-sant/in-te-res-sant angerichtet auf einer no-blen/nob-len, kalten Vorspeiseplatte. Lachs- oder Hum-mer-pas-te auf Schnittchen ist eine besonders leichte Kost für den ers-ten Gang.
Warme Suppen haben dagegen immer einen Hauch von Nost-al-gie/Nos-tal-gie und können in großen Porzellanschüsseln oder einzeln in Suppentassen serviert werden. Meis-tens lassen sie sich gut am Tage vorher zubereiten. Neben einer e-le-gan-ten Weinsuppe mit Eischneebällchen (auch A-ne-mo-nen genannt) hat man die Auswahl zwischen sämigen Suppen im Stile einer Erbsensuppe und klaren Brühen. Die Portionierung sollte eher knapp bemessen sein.
Res-te kann man einfrieren.
An der Vorspeise soll man sich nicht ü-ber-es-sen! Sie soll langsam in den Magen si-ckern, ein warmes Wohlgefühl hinterlassen und den Geschmack auf den Hauptgang anregen.
Par-al-lel/Pa-ral-lel zur Vorspeise trinkt man einen leichten Weiß- oder Rotwein, der den tro-cke-nen Gaumen befeuchtet und den Appetit erhält.
Alles in allem wird es auch dem hart-nä-ckigs-ten Kostverächter schwerfallen, nach einer gelungenen Vorspeise über das Essen zu me-ckern.

Regeln für die veränderte Worttrennung am Zeilenende

- Ein einzelner Vokalbuchstabe darf in einfachen Wörtern am Wortanfang abgetrennt werden. Der einzelne Konsonantenbuchstabe, der zwischen zwei Vokalbuchstaben steht, rückt dann bei der Worttrennung auf die neue Zeile.
- *ck* wird als Buchstabenverbindung betrachtet und somit nicht mehr getrennt.
- Fremdwörter trennt man wie deutsche Wörter nach ihren Bestandteilen. Erkennt man die Wortbausteine nicht, so können fremdsprachliche Wörter wie deutsche Wörter getrennt werden.
- Konsonantenverbindungen mit *l, n* und *r* können getrennt werden oder ungetrennt bleiben.
- Auch die Buchstabenverbindung *st* wird getrennt: Stehen mehrere Konsonantenbuchstaben hintereinander, dann rückt der letzte Konsonant der Reihe auf die neue Zeile.

42. Galápagos

Das Betreten der Galápagos-Inseln im Pazifischen **Oze-an** ist mit wenigen Ausnahmen nur den Passagieren von Kreuzfahrten erlaubt. Nur Boote mit maximal 90 Insassen dürfen ihre Anlegeleinen hier **be-fe-sti-gen**. Der naturkundige Reiseführer ist hier Pflicht, denn Naturschutz steht auf Galápagos an **er-ster** Stelle und schützt und erhält die einzigartige Tierwelt, die **an-son-sten** Raubbau und Wilderern zum Opfer fallen würde.
Vor mehr als 150 Jahren besuchte Charles Darwin die Insel und sammelte hier Beweise für seine umwälzende **Evo-lu-ti-ons-theo-rie**. Hier kann man Einzigartiges über die Natur lernen.
Vor Millionen vor Jahren sind die Inseln aus der Tiefsee hervorgespült worden. Durch den Humboldtstrom wurden viele Arten ans **Ufer** geschwemmt.
Das Land zeichnet sich durch bizarre Klippen, zerklüftete Lavafelder und glühende Lavaströme aus, die ins Meer fließen.
Hier leben Seelöwen, Pelikane, die weltweit fast ausgestorbenen grünen Meeresschildkröten, kleine Pinguine und eine Echsenart, die Meeres-**Igu-anas**, die nicht nur an Land **ra-sten**, sondern auch im Meer schwimmen und tauchen.
Zwischen **Fe-bru-ar** und April ist es unerträglich heiß und **trok-ken** auf der Insel, und Exkursionen können nur an den **Kü-sten** stattfinden.

Der dünne Strom der Besucher auf Galápagos wird von den ausgebildeten und geschulten Rangern der Nationalparkverwaltung mit **Fe-stig-keit** im Griff behalten. Ihnen ist klar, daß der Tourismus für diesen Nationalpark wichtig ist. Ohne die Eintrittsgebühren von 80 US-Dollar pro Person **oder** die weiteren Einnahmen durch Naturliebhaber wäre die Natur dort weitaus gefährdeter, als sie es heute ist.

42. Galápagos

Das Betreten der Galápagos-Inseln im Pazifischen O-ze-an ist mit wenigen Ausnahmen nur den Passagieren von Kreuzfahrten erlaubt. Nur Boote mit maximal 90 Insassen dürfen ihre Anlegeleinen hier be-fes-ti-gen. Der naturkundige Reiseführer ist hier Pflicht, denn Naturschutz steht auf Galápagos an ers-ter Stelle und schützt und erhält die einzigartige Tierwelt, die an-sons-ten Raubbau und Wilderern zum Opfer fallen würde.
Vor mehr als 150 Jahren besuchte Charles Darwin die Insel und sammelte hier Beweise für seine umwälzende E-vo-lu-ti-ons-the-o-rie. Hier kann man Einzigartiges über die Natur lernen.
Vor Millionen vor Jahren sind die Inseln aus der Tiefsee hervorgespült worden. Durch den Humboldtstrom wurden viele Arten ans U-fer geschwemmt.
Das Land zeichnet sich durch bizarre Klippen, zerklüftete Lavafelder und glühende Lavaströme aus, die ins Meer fließen.
Hier leben Seelöwen, Pelikane, die weltweit fast ausgestorbenen grünen Meeresschildkröten, kleine Pinguine und eine Echsenart, die Meeres-I-gu-a-nas, die nicht nur an Land ras-ten, sondern auch im Meer schwimmen und tauchen.
Zwischen Fe-bru-ar/Feb-ru-ar und April ist es unerträglich heiß und tro-cken auf der Insel und Exkursionen können nur an den Küs-ten stattfinden.

Der dünne Strom der Besucher auf Galápagos wird von den ausgebildeten und geschulten Rangern der Nationalparkverwaltung mit Fes-tig-keit im Griff behalten. Ihnen ist klar, dass der Tourismus für diesen Nationalpark wichtig ist. Ohne die Eintrittsgebühren von 80 US-Dollar pro Person o-der die weiteren Einnahmen durch Naturliebhaber wäre die Natur dort weitaus gefährdeter, als sie es heute ist.

Regeln für die veränderte Worttrennung am Zeilenende

- Ein einzelner Vokalbuchstabe darf in einfachen Wörtern am Wortanfang abgetrennt werden. Der einzelne Konsonantenbuchstabe, der zwischen zwei Vokalbuchstaben steht, rückt dann bei der Worttrennung auf die neue Zeile.
- Auch die Buchstabenverbindung *st* wird getrennt: Stehen mehrere Konsonantenbuchstaben hintereinander, dann rückt der letzte Konsonant der Reihe auf die neue Zeile.
- Fremdwörter trennt man wie deutsche Wörter nach ihren Bestandteilen. Erkennt man die Wortbausteine nicht, so können fremdsprachliche Wörter wie deutsche Wörter getrennt werden.
- *ck* wird als Buchstabenverbindung betrachtet und somit nicht mehr getrennt.

VII. Abschluss: Diktate aus verschiedenen Rechtschreibbereichen

43. Esperanto

Die Dolmetscherin spricht perfekt französich, fühlt sich in der italienischen Grammatik mitunter aber etwas unsicher. Immer wieder denkt sie bei sich: Es ist wirklich von großem Vorteil, mehrere Sprachen zu sprechen.
Daran, sich mit allen Konferenzteilnehmern in *einer* Sprache zu verständigen, hatte sie in hektischen Situationen schon oft gedacht.

Ein unbekannter Verfasser, der sich als „Dr. Esperanto" ausgab, schrieb 1887 ein Lehrbuch, um eine Welthilfssprache vorzustellen, die über nationale Grenzen hinaus verständlich sein soll. Dahinter verbarg sich ein Augenarzt polnisch-jüdischer Abstammung aus Bialystok. Wie viele andere osteuropäische Städte, so hatte auch dieser Ort eine mehrsprachige Bevölkerung mit jeweils einem polnisch, russisch, deutsch und einem jiddisch sprechenden Stadtteil. Vornehmlich weit verbreitete Wörter der romanischen und germanischen Sprachen bilden die Grundlage des Esperanto.
Dr. Zahmenhof ließ, sich besinnend auf die vergleichsweise einfache Grammatik des Englischen, die Grammatik der neuartigen Sprachmischung auf das Wesentliche zusammenschmelzen, um sie so von Schwierigkeiten und Unregelmäßigkeiten zu reinigen.
Tausende von Büchern in und über Esperanto machen deutlich, daß diese Sprache begeisterte Anhänger gefunden hat. Internationale Konferenzen haben Esperanto als Verhandlungssprache gewählt, und es gibt sogar Dichtungen auf Esperanto! Sicher ist dieser Erfolg auch darauf zurückzuführen, daß es sich hierbei um eine sprechbare und wohlklingende Sprache handelt, die ausdrucksvoll und leicht zu erlernen ist.
Heute gibt es mehrere „Ableger" und Varianten des Esperanto. Zu einer allumfassenden Verbreitung dieser Sprache, dazu, sie in alle Bereiche des gesellschaftlichen und beruflichen Lebens einzuführen, ist es jedoch noch nicht gekommen. Das ist natürlich kein Argument dafür, nicht wenigstens zu versuchen, sich diese Sprache anzueignen.

43. Esperanto

Die Dolmetscherin spricht perfekt französich, fühlt sich in der italienischen Grammatik mitunter aber etwas unsicher. Immer wieder denkt sie bei sich: Es ist wirklich von großem Vorteil, mehrere Sprachen zu sprechen.
Daran, sich mit allen Konferenzteilnehmern in *einer* Sprache zu verständigen, hatte sie in hektischen Situationen schon oft gedacht.

Ein unbekannter Verfasser, der sich als „Dr. Esperanto“ ausgab, schrieb 1887 ein Lehrbuch (,) um eine Welthilfssprache vorzustellen, die über nationale Grenzen hinaus verständlich sein soll. Dahinter verbarg sich ein Augenarzt polnisch-jüdischer Abstammung aus Bialystok. Wie viele andere osteuropäische Städte, so hatte auch dieser Ort eine mehrsprachige Bevölkerung mit jeweils einem polnisch, russisch, deutschen und einem jiddisch sprechenden Stadtteil. Vornehmlich weit verbreitete Wörter der romanischen und germanischen Sprachen bilden die Grundlage des Esperanto.
Dr. Zahmenhof ließ, sich auf die vergleichsweise einfache Grammatik des Englischen besinnend, die Grammatik der neuartigen Sprachmischung auf das Wesentliche zusammenschmelzen (,) um sie so von Schwierigkeiten und Unregelmäßigkeiten zu reinigen.
Tausende von Büchern in und über Esperanto machen deutlich, dass diese Sprache begeisterte Anhänger gefunden hat. Internationale Konferenzen haben Esperanto als Verhandlungssprache gewählt und es gibt sogar Dichtungen auf Esperanto! Sicher ist dieser Erfolg auch darauf zurückzuführen, dass es sich hierbei um eine sprechbare und wohlklingende Sprache handelt, die ausdrucksvoll und leicht zu erlernen ist.
Heute gibt es mehrere „Ableger“ und Varianten des Esperanto. Zu einer allumfassenden Verbreitung dieser Sprache, dazu, sie in alle Bereiche des gesellschaftlichen und beruflichen Lebens einzuführen, ist es jedoch noch nicht gekommen. Das ist natürlich kein Argument dafür, nicht wenigstens zu versuchen (,) sich diese Sprache anzueignen.

Übungsschwerpunkte:

- Zeichensetzung: Kommasetzung in Partizip- und Infinitivgruppen, zwischen Satzteilen und Sätzen, die mit *und* verbunden sind.

44. Flamenco

In einer kleinen, dunklen und einsamen Gasse liegt das Restaurant, das **gestern abend** eröffnet wurde. Ein spanischer Koch hat sich hier **selbständig** gemacht und hofft, **daß** die von ihm für die Eröffnungsnacht geplante Fiesta ein **aufsehenerregender** Erfolg wird.
Als er sich dem Lokal nähert, sieht er seinen Bruder im Hof **teppichklopfen**. Sie haben noch eine Stunde Zeit.
Aufs neue sieht er sich um und überprüft die Dekoration auf den Tischen und die Anzahl der Stühle, die um die kleine improvisierte Bühne aufgestellt sind. Auch die Tänzerinnen sind schon bereit. Einige von ihnen stehen **blaß** im Türrahmen und haben die Zähne vor Anspannung **aufeinandergebissen**. Es sind seine Schwestern, die extra zu diesem **Anlaß** aus Sevilla angereist sind.
Die anderen Tänzerinnen kennen sich bereits und verteilen einen **Kuß** nach dem anderen an Freunde und Bekannte, die jetzt immer zahlreicher werden. Natürlich sind auch sie aufgeregt, aber sie überspielen ihre Nervosität und **schneuzen** sich die gepuderten Nasen.
Die Gäste haben sich jetzt richtig **plaziert** und bedienen sich aus den kleinen Schüsseln, die mit eingelegten Gemüsen gefüllt sind und in der Mitte der Tische stehen.
Die Gitarrenspieler und der Sänger betreten die Mitte der Bühne, die aus **rauhen** Holzplanken besteht. Die Musik und die schmachtenden Klagelaute des Sängers rufen nach den Tänzerinnen, die mit ausfallenden Schritten und stolz erhobenen Armen die weiten Röcke ihrer **aufwendigen** Kostüme kreisen lassen. Das Geklapper ihrer Absätze übertönt die Stimmen der Zuschauer, die immer wieder **überschwenglich** ihren Beifall kundtun.
In bezug auf die Stimmung an diesem Abend bleibt nichts mehr zu wünschen übrig.

44. Flamenco

In einer kleinen, dunklen und einsamen Gasse liegt das Restaurant, das gestern Abend eröffnet wurde. Ein spanischer Koch hat sich hier selbständig/selbstständig gemacht und hofft, dass die von ihm für die Eröffnungsnacht geplante Fiesta ein Aufsehen erregender Erfolg wird.
Als er sich dem Lokal nähert, sieht er seinen Bruder im Hof Teppich klopfen. Sie haben noch eine Stunde Zeit!
Aufs Neue/aufs neue sieht er sich um und überprüft die Dekoration auf den Tischen und die Anzahl der Stühle, die um die kleine improvisierte Bühne aufgestellt sind. Auch die Tänzerinnen sind schon bereit. Einige von ihnen stehen blass im Türrahmen und haben die Zähne vor Anspannung aufeinander gebissen. Es sind seine Schwestern, die extra zu diesem Anlass aus Sevilla angereist sind.
Die anderen Tänzerinnen kennen sich bereits und verteilen einen Kuss nach dem anderen an Freunde und Bekannte, die jetzt immer zahlreicher werden. Natürlich sind auch sie aufgeregt, aber sie überspielen ihre Nervosität und schnäuzen sich die gepuderten Nasen.
Die Gäste haben sich jetzt richtig platziert und bedienen sich aus den kleinen Schüsseln, die mit eingelegten Gemüsen gefüllt sind und in der Mitte der Tische stehen.
Die Gitarrenspieler und der Sänger betreten die Mitte der Bühne, die aus rauen Holzplanken besteht. Die Musik und die schmachtenden Klagelaute des Sängers rufen nach den Tänzerinnen, die mit ausfallenden Schritten und stolz erhobenen Armen die weiten Röcke ihrer aufwendigen/aufwändigen Kostüme kreisen lassen. Das Geklapper ihrer Absätze übertönt die Stimmen der Zuschauer, die immer wieder überschwänglich ihren Beifall kundtun.
In Bezug auf die Stimmung an diesem Abend bleibt nichts mehr zu wünschen übrig.

Übungsschwerpunkte:

- Groß- und Kleinschreibung
- Laut-Buchstaben-Zuordnungen
- Getrennt- und Zusammenschreibung

45. Hilfe von außerhalb

Marley konnte durchaus als ein Mann in mittleren Jahren bezeichnet werden, was ihn sehr ärgerte. Im Alter von 40 Jahren wollte er ein berühmter Romanschriftsteller sein, dessen Werke in mehrere Sprachen übersetzt und dem **schnellebigen** Literaturmarkt Bewunderung abringen würden.
Nun hatte Marley diese Altersgrenze jedoch bereits um einige Jahre überschritten und **wußte** sich nicht so recht einen Reim auf den ausbleibenden großen Erfolg zu machen.
In den letzten Monaten hatte er eine Sammlung von **Short stories** und eine längere Erzählung herausgebracht, die sich nach den gönnerhaften Aussagen seines Verlegers „recht gut lesen“ ließ. Den erhofften Erfolg hatten beide Bändchen jedoch nicht gehabt, so **daß** er an diesem **schmutziggrauen** Morgen an seinem Schreibtisch saß und darüber nachdachte, woran das wohl lag. Er war wohl mitunter etwas **schußlig** und verzettelte sich gerne, da er stets in Gedanken war. Aber **schwachbegabt** war er nicht! Er brauchte nur eine Idee, einen heißen **Tip** für eine wirklich große Sache!
Marley erhob sich und **riß** das Fenster auf. Seit Tagen war er nicht mehr auf der Straße gewesen, hatte sich nur von **Spaghetti** ernährt und etwas auf seinem alten **Saxophon** herumgespielt. Es wurde Zeit, **daß** er ein **Quentchen** Luft bekam!
Auf der Straße überraschte ihn anhaltender Regen, der die Erde zwischen den Blumenbeeten vor dem Haus in eine **Schlammasse** verwandelt hatte. Marley ging auf den kleinen **Imbiß** an der Straßenecke zu, wo ihn vielleicht ein **Thunfischbrötchen** und eine Partie **Rommé** mit dem Inhaber zu einer Geschichte anregen würden. Denn manchmal **mußte** man auch **imstande** sein, das Außergewöhnliche im Alltäglichen zu suchen!

45. Hilfe von außerhalb

Marley konnte durchaus als ein Mann in mittleren Jahren bezeichnet werden, was ihn sehr ärgerte. Im Alter von 40 Jahren wollte er ein berühmter Romanschriftsteller sein, dessen Werke in mehrere Sprachen übersetzt und dem schnelllebigen Literaturmarkt Bewunderung abringen würden.
Nun hatte Marley diese Altersgrenze jedoch bereits um einige Jahre überschritten und wusste sich nicht so recht einen Reim auf den ausbleibenden großen Erfolg zu machen. In den letzten Monaten hatte er eine Sammlung von Short Stories/Shortstories und eine längere Erzählung herausgebracht, die sich nach den gönnerhaften Aussagen seines Verlegers „recht gut lesen" ließ. Den erhofften Erfolg hatten beide Bändchen jedoch nicht gehabt, so dass er an diesem schmutzig grauen Morgen an seinem Schreibtisch saß und darüber nachdachte, woran das wohl lag. Er war wohl mitunter etwas schusslig und verzettelte sich gerne, da er stets in Gedanken war. Aber schwach begabt war er nicht! Er brauchte nur eine Idee, einen heißen Tipp für eine wirklich große Sache!
Marley erhob sich und riss das Fenster auf. Seit Tagen war er nicht mehr auf der Straße gewesen, hatte sich nur von Spaghetti/Spagetti ernährt und etwas auf seinem alten Saxophon/Saxofon herumgespielt. Es wurde Zeit, dass er ein Quäntchen Luft bekam!
Auf der Straße überraschte ihn anhaltender Regen, der die Erde zwischen den Blumenbeeten vor dem Haus in eine Schlammmasse verwandelt hatte. Marley ging auf den kleinen Imbiss an der Straßenecke zu, wo ihn vielleicht ein Thunfischbrötchen/Tunfischbrötchen und eine Partie Rommé/Rommee mit dem Inhaber zu einer Geschichte anregen würden. Denn manchmal musste man auch imstande/im Stande sein das Außergewöhnliche im Alltäglichen zu suchen!

Übungsschwerpunkte:

- Laut-Buchstaben-Zuordnungen
- Schreibung von Fremdwörtern
- Getrennt- und Zusammenschreibung

46. Nur eine Geste?

Wie oft fassen Sie sich allein oder in Gegenwart von anderen an die Nase? Sie haben sich nichts **zuschulden** kommen lassen! Vielleicht war sie kalt oder juckte etwas.
In England kann diese Geste jedoch einen anderen Hintergrund haben: Wenn **irgend jemand** in Ihrem Beisein betont mit Zeigefinger und Daumen die eigenen Nasenflügel **umfaßt**, dann kann dadurch **im stillen zutage** treten, **daß** Sie gerade zu neugierig waren.
Auf Sardinien bedeutet diese Geste eine Drohgebärde.
Sie wollen einem Arbeitskollegen, den Sie **hochachten** und der etwas weiter von Ihnen entfernt steht, signalisieren, **daß** alles in Ordnung ist und bilden mit Daumen und Zeigefinger einen Kreis. Normalerweise ernten Sie dafür ein Lächeln. In Südamerika kann es Ihnen aber passieren, **daß** Sie mit einem **eisigkalten** Blick bedacht werden oder sich sogar später **aufs schrecklichste** zugerichtet wiederfinden. Es ist wichtig**,** diese Reaktion auf die Handbewegung zurückzuführen, die dort für **jung und alt** eine **funkensprühende**, üble Beschimpfung darstellt.
Ziehen die Mitteleuropäer und Amerikaner die Augenbrauen hoch**,** um Bewunderung oder Überraschung auszudrücken, so bedeuten hochgezogene Augenbrauen in Peru etwas anderes: Das **menschenmögliche** versuchend**,** wollen die Peruaner Sie mit dieser Geste zum Zahlen auffordern. In Tonga wiederum ist das die Art und Weise, „ja" zu sagen.

Wenn Sie jetzt auf Ihrer nächsten Reise in die Arabischen Emirate vor lauter Unsicherheit mit Ihren Fingerspitzen spielen, **muß** man „Vorsicht" rufen: Ihr arabischer Tischnachbar könnte **zuwenig** darüber wissen und denken, **daß** Sie mit dem rechten kleinen Finger über Ihre linken Fingerspitzen gestrichen haben**,** um ihn den „Sohn eines Bastards" zu schimpfen.

46. Nur eine Geste?

Wie oft fassen Sie sich allein oder in Gegenwart von anderen an die Nase? Sie haben sich nichts zu Schulden/zuschulden kommen lassen! Vielleicht war sie kalt oder juckte etwas. In England kann diese Geste jedoch einen anderen Hintergrund haben: Wenn irgendjemand in Ihrem Beisein betont mit Zeigefinger und Daumen die eigenen Nasenflügel umfasst, dann kann dadurch im Stillen zu Tage/zutage treten, dass Sie gerade zu neugierig waren.
Auf Sardinien bedeutet diese Geste eine Drohgebärde.
Sie wollen einem Arbeitskollegen, den Sie hoch achten und der etwas weiter von Ihnen entfernt steht, signalisieren, dass alles in Ordnung ist und bilden mit Daumen und Zeigefinger einen Kreis. Normalerweise ernten Sie dafür ein Lächeln. In Südamerika kann es Ihnen aber passieren, dass Sie mit einem eisig kalten Blick bedacht werden oder sich sogar später aufs Schrecklichste zugerichtet wiederfinden. Es ist wichtig, diese Reaktion auf die Handbewegung zurückzuführen, die dort für Jung und Alt eine Funken sprühende, üble Beschimpfung darstellt.
Ziehen die Mitteleuropäer und Amerikaner die Augenbrauen hoch um Bewunderung oder Überraschung auszudrücken, so bedeuten hochgezogene Augenbrauen in Peru etwas anderes: Das Menschenmögliche versuchend wollen die Peruaner Sie mit dieser Geste zum Zahlen auffordern. In Tonga wiederum ist das die Art und Weise „ja“ zu sagen.

Wenn Sie jetzt auf Ihrer nächsten Reise in die Arabischen Emirate vor lauter Unsicherheit mit Ihren Fingerspitzen spielen, muss man „Vorsicht“ rufen: Ihr arabischer Tischnachbar konnte zu wenig darüber wissen und denken, dass Sie mit dem rechten kleinen Finger über Ihre linken Fingerspitzen gestrichen haben um ihn den „Sohn eines Bastards“ zu schimpfen.

Übungsschwerpunkte:

- Groß- und Kleinschreibung
- Getrennt- und Zusammenschreibung
- Zeichensetzung: Kommasetzung in Partizip- und Infinitivgruppen
- Laut-Buchstaben-Zuordnungen (*ss* für *ß* nach kurzem Vokal)

47. Grippeschutz

Im besonderen legt es die winterliche Jahreszeit einem nahe, an die Gefahr einer Grippe zu denken. Denn dann ist die Gefahr **um ein bedeutendes** größer, von dieser Krankheit angegriffen zu werden.
Eine gesunde, vitaminreiche Kost ist im Vorfeld sinnvoll, um sich gegen die Erreger der Grippe zur Wehr zu setzen. Es wird einem nicht **leichtfallen**, aber regelmäßige kalte Duschen stärken das Immunsystem und sind zur Vorbeugung ebenfalls geeignet.
Sich gesund zu ernähren, davon halten aber viele Menschen immer noch **zuwenig.** Sie beschließen jedes Jahr am Sylvesterabend, mehr auf ihre Gesundheit zu achten. Doch sie erinnern sich an diese guten Vorsätze erst **im nachhinein** wieder und schreien **ach und weh**, wenn ihnen **irgend etwas weh tut**.
Natürlich kann es sich dann auch um eine normale Erkältung handeln. Viele neigen dazu, **ähnliches** mit der ernsten Grippe zu verwechseln. Beginnend mit Heiserkeit, Kopfschmerzen, Husten und Halsschmerzen, kann man beide Krankheiten zunächst nicht voneinander unterscheiden, und viele Ärzte tun sich am Anfang **im allgemeinen** damit schwer, eine eindeutige Diagnose zu stellen.
Dabei ist es für die weitere Behandlung des Kranken wichtig, die Krankheit möglichst schnell zu erkennen.
Will der Patient sich nur noch **gehenlassen**, fühlt er sich von allen **hängengelassen** in seinem gestörten Allgemeinbefinden, ist schlapp und lustlos und geplagt von Gliederschmerzen, dann ist es für ihn ratsam, sich ins Bett zu legen.
Es braucht aber nicht **soweit** zu kommen. Man kann sich einer Grippeimpfung unterziehen, um sich nachhaltig zu schützen. Es ist **das allerbeste,** größere Menschenmengen zu meiden und auf die Steigerung der Abwehrkräfte zu achten.

47. Grippeschutz

Im Besonderen legt es die winterliche Jahreszeit einem nahe, an die Gefahr einer Grippe zu denken. Denn dann ist die Gefahr um ein Bedeutendes größer von dieser Krankheit angegriffen zu werden.
Eine gesunde, vitaminreiche Kost ist im Vorfeld sinnvoll um sich gegen die Erreger der Grippe zur Wehr zu setzen. Es wird einem nicht leicht fallen, aber regelmäßige kalte Duschen stärken das Immunsystem und sind zur Vorbeugung ebenfalls geeignet.
Sich gesund zu ernähren, davon halten aber viele Menschen immer noch zu wenig. Sie beschließen jedes Jahr am Sylvesterabend (,) mehr auf ihre Gesundheit zu achten. Doch sie erinnern sich an diese guten Vorsätze erst im Nachhinein wieder und schreien Ach und Weh, wenn ihnen irgendetwas wehtut.
Natürlich kann es sich dann auch um eine normale Erkältung handeln. Viele neigen dazu, Ähnliches mit der ernsten Grippe zu verwechseln. Beginnend mit Heiserkeit, Kopfschmerzen, Husten und Halsschmerzen kann man beide Krankheiten zunächst nicht voneinander unterscheiden (,) und viele Ärzte tun sich am Anfang im Allgemeinen damit schwer, eine eindeutige Diagnose zu stellen.
Dabei ist es für die weitere Behandlung des Kranken wichtig, die Krankheit möglichst schnell zu erkennen.
Will der Patient sich nur noch gehen lassen, fühlt er sich von allen hängen gelassen in seinem gestörten Allgemeinbefinden, ist schlapp und lustlos und geplagt von Gliederschmerzen, dann ist es für ihn ratsam, sich ins Bett zu legen.
Es braucht aber nicht so weit zu kommen. Man kann sich auch einer Grippeimpfung unterziehen um sich nachhaltig zu schützen. Insgesamt ist es das Allerbeste, größere Menschenmengen zu meiden und auf die Steigerung der Abwehrkräfte zu achten.

Übungsschwerpunkte:

- Groß- und Kleinschreibung
- Getrennt- und Zusammenschreibung
- Zeichensetzung: Kommasetzung in Partizip- und Infinitivgruppen und zwischen Sätzen, die mit *und* verbunden sind.

48. Picasso – Der Anfang

Am 25.Oktober 1881 wurde Pablo Picasso in Andalusien, Málaga, im Haus Plaza de la Merced Nr. 36 geboren. Sich den akademischen Methoden des 19. Jahrhunderts verpflichtet fühlend**,** hatte die Provinz-Kunstgewerbeschule überall in der Stadt Gipsabgüsse antiker Skulpturen **plaziert,** und auch in der elterlichen Wohnung Picassos wurden derartige Statuen aufbewahrt. Die künstlerischen Fähigkeiten des **kunstlehrenden** Vaters waren beschränkt, was man von denen Picassos nicht sagen konnte. Die **Zäheit** und außergewöhnliche Begabung seines Kindes erkennend**,** führte Picassos Vater ihn schon früh in die **essentiellen** handwerklichen Fähigkeiten der Malerei ein, hielt ihn aber noch streng am **Bendel**.
Nach kurzer Zeit beherrschte Picasso **behende** die Technik des Aquarells und der Ölmalerei. Schon die Bilder des **9jährigen** Jungen verraten trotz der noch etwas unsicheren Linienführung sein **Potential** an genauer Beobachtungsgabe und ein erstaunliches Bemühen um eine **selbständige** Naturbetrachtung. Später zog die Familie nach Barcelona**,** und Picasso bestand als **15jähriger** Kunstschüler die Aufnahmeprüfung an einer bekannten Kunstschule.
Durch die **100prozentige** finanzielle Zuwendung seiner Eltern unterstützt**,** fuhr Picasso einige Jahre später nach Madrid**,** um **aufs interessierteste** die Straßen der Hauptstadt zu durchstreifen und Kontakte zu anderen Künstlern anzuknüpfen. 1898 traf er wieder bei seinen Eltern ein. Der Künstlerkreis, in dem er jetzt verkehrte, war die Avantgarde Barcelonas**,** und ihr Treffpunkt war das „Els 4 Gats“. Picasso wurde hier mit den wichtigsten künstlerischen Strömungen des Auslands bekannt gemacht und bildete **im übrigen** den Mittelpunkt der Gruppe. Als Picasso um die Jahrhunderwende nach Paris aufbrach, suchte er neben neuen künstlerischen Anregungen **im großen und ganzen** auch ein größeres und interessierteres Publikum für seine Bilder.

48. Picasso – Der Anfang

Am 25.Oktober 1881 wurde Pablo Picasso in Andalusien, Málaga, im Haus Plaza de la Merced Nr. 36 (,) geboren.
Sich den akademischen Methoden des 19. Jahrhunderts verpflichtet fühlend (,) hatte die Provinz-Kunstgewerbeschule überall in der Stadt Gipsabgüsse antiker Skulpturen platziert (,) und auch in der elterlichen Wohnung Picassos wurden derartige Statuen aufbewahrt. Die künstlerischen Fähigkeiten seines Kunst lehrenden Vaters waren beschränkt, was man von denen Picassos nicht sagen konnte. Die Zähheit und außergewöhnliche Begabung seines Kindes erkennend führte Picassos Vater ihn schon früh in die essenziellen/essentiellen handwerklichen Fähigkeiten der Malerei ein, hielt ihn aber noch streng am Bändel.
Nach kurzer Zeit beherrschte Picasso behände die Technik des Aquarells und der Ölmalerei. Schon die Bilder des 9-jährigen Jungen verraten trotz der noch etwas unsicheren Linienführung sein Potenzial/Potential an genauer Beobachtungsgabe und ein erstaunliches Bemühen um eine selbständige/selbstständige Naturbetrachtung. Später zog die Familie nach Barcelona und Picasso bestand als 15-jähriger Kunstschüler die Aufnahmeprüfung an einer bekannten Kunstschule.
Durch die 100-prozentige finanzielle Zuwendung seiner Eltern unterstützt (,) fuhr Picasso einige Jahre später nach Madrid um aufs Interessierteste die Straßen der Hauptstadt zu durchstreifen und Kontakte zu anderen Künstlern anzuknüpfen. 1898 traf er wieder bei seinen Eltern ein. Der Künstlerkreis, in dem er jetzt verkehrte, war die Avantgarde Barcelonas (,) und ihr Treffpunkt war das „Els 4 Gats“. Picasso wurde hier mit den wichtigsten künstlerischen Strömungen des Auslands bekannt gemacht und bildete im Übrigen den Mittelpunkt der Gruppe. Als Picasso um die Jahrhunderwende nach Paris aufbrach, suchte er neben neuen künstlerischen Anregungen im Großen und Ganzen auch ein größeres und interessierteres Publikum für seine Bilder.

Übungsschwerpunkte:

- Zeichensetzung: Kommasetzung zwischen Satzteilen, in Partizip- und Infinitivgruppen und zwischen Sätzen, die mit *und* verbunden sind.
- Laut-Buchstaben-Zuordnungen
- Getrennt- und Zusammenschreibung
- Schreibung mit Bindestrich
- Schreibung von Fremdwörtern
- Groß- und Kleinschreibung

49. Die Einladung

Heute war der Geburtstag ihrer Nichte. Elvira arbeitete als **Chir-urg-in** und fühlte sich immer noch müde von der Arbeit gestern. Sie **haßte** Kindergeburtstage und wäre am liebsten zu Hause geblieben. Aber es half auch nichts zu **mek-kern**!
Mit einem **Kopfnik-ken** begrüßte sie den **Geographielehrer** von nebenan und machte sich dann in ihrem Auto **par-al-lel** zur Hauptstraße auf den Weg zum einzigen Spielzeuggeschäft in ihrer Nähe. Dort **mußte** sie **haltmachen**, um ihrer Nichte noch **irgend etwas** zu kaufen. Ihr würde ja wohl kaum etwas anderes **übrigbleiben**!
Bewaffnet mit einer Tüte und einem Paket mit **zuk-kersüßen** Bonbons in einer kitschigen **Bonbonniere,** dachte sie laut vor sich hin: „Wahrscheinlich wird sich das Kind nur damit **beklek-kern** und sich die **Bak-ken** beschmieren!“ und fuhr weiter. Überhaupt würde sie heute während der Party nichts essen. Sie würde einfach vorgeben**,** ihre berühmte **Fasten-kur** zu machen. Vorsichtshalber aß sie noch schnell einen **Joghurt** und hielt dann direkt vor dem **schmutziggrauen** Zaun ihrer Schwester, den sie wie immer **ekelerregend** fand. Es war mit ihr in den letzten Jahren finanziell wirklich **abwärtsgegangen**.
Aber etwas war anders heute. Sie hörte nicht die fröhlichen Stimmen aus dem **Megaphon**, das die Kinder sonst immer zu ihrer Begrüßung benutzten, und es war keiner zu sehen. Erst als sie die Haustür erreichte, sah sie den Zettel: „Liebe Tante Elvira, wir feiern heute unten am **Ufer**. Wenn **Du** wie immer keine Lust hast**,** uns zum Bach zu folgen, dann lege das Spielzeug und die Bonbons auf die Schwelle und fahre ruhig nach Hause. Wir werden sicher ein anderes Mal **zueinanderfinden**.“

49. Die Einladung

Heute war der Geburtstag ihrer Nichte. Elvira arbeitete als Chir-urg-in/Chi-rur-gin und fühl-te sich immer noch müde von der Arbeit gestern. Sie hasste Kindergeburtstage und wäre am liebsten zu Hause geblieben. Aber es half auch nichts zu me-ckern!
Mit einem Kopfni-cken begrüßte sie den Geographielehrer/Geografielehrer von nebenan und machte sich dann in ihrem Auto par-al-lel/pa-ral-lel zur Hauptstraße auf den Weg zum einzigen Spielzeuggeschäft in ihrer Nähe. Dort musste sie Halt machen um ihrer Nichte noch irgendetwas zu kaufen. Ihr würde ja wohl kaum etwas anderes übrig bleiben!
Bewaffnet mit einer Tüte und einem Paket mit zu-ckersüßen Bonbons in einer kitschigen Bonbonniere/Bonboniere dachte sie laut vor sich hin: „Wahrscheinlich wird sich das Kind nur damit bekle-ckern und sich die Ba-cken beschmieren!“, und fuhr weiter. Überhaupt würde sie heute während der Party nichts essen. Sie würde einfach vorgeben ihre berühm-te Fas-ten-kur zu machen. Vorsichtshalber aß sie noch schnell einen Joghurt/Jogurt und hielt dann direkt vor dem schmutzig grauen Zaun ihrer Schwester, den sie wie immer Ekel erregend fand. Es war mit ihr in den letzten Jahren finanziell wirklich abwärts gegangen.
Aber etwas war anders heute. Sie hörte nicht die fröhlichen Stimmen aus dem Megaphon/ Megafon, das die Kinder sonst immer zu ihrer Begrüßung benutzten, und es war keiner zu sehen. Erst als sie die Haustür erreichte, sah sie den Zettel: „Liebe Tante Elvira, wir feiern heute unten am U-fer. Wenn du wie immer keine Lust hast uns zum Bach zu folgen, dann lege das Spielzeug und die Bonbons auf die Schwelle und fahre ruhig nach Hause. Wir werden sicher ein anderes Mal zueinander finden.“

Übungsschwerpunkte:

- Schreibung von Fremdwörtern und ihre Trennung am Zeilenende
- Laut-Buchstaben-Zuordnungen (*ss* für *ß* nach kurzem Vokal)
- Zeichensetzung: Kommasetzung
- Trennung am Zeilenende von deutschen Wörtern
- Getrennt- und Zusammenschreibung
- Groß- und Kleinschreibung (Anredepronomen)

50. Finale!

Als jedes der vier Kinder zu Weihnachten ein **blendendweißes** Heftchen mit den Regeln zur Rechtschreibreform bekam, schauten sie zunächst etwas **belemmert**. Sie hatten eher **aufwendig** verpackte **Karamelbonbons** und **Ballettäschchen** erwartet.
Es würde ihnen aber **im großen und ganzen** nur **übrigbleiben,** sich **überschwenglich** dafür bei ihren Eltern zu bedanken. Wie die **Känguruhs** hüpften sie an diesem Abend in ihren Kostümen aus bunten **Flanellappen** und seidenen **Stoffetzen** herum, die sie nach dem Krippenspiel nicht mehr abgelegt hatten. Sie waren noch **eislaufen** gewesen**,** und das Umziehen war ihnen **zeitraubend** und **lä-stig** vorgekommen. Bevor sie an diesem Abend **ein-nik-ken** konnten, warfen sie noch einen Blick unter den **Buch-dek-kel** und fühlten sich sofort **gefangengenommen** von dem **Fluß** der Wörter und Sätze.
Es schien ihnen ziemlich **fernliegend**, **daß** sie es jemals **fertigbringen** würden**,** die **furchteinflößenden** Regeln zu beherrschen. Doch **fürs erste** beschlossen sie, die Bücher unter ihre Kopfkissen zu legen.
Irgend etwas war aber in dieser **helleuchtenden** Nacht mit all den **hellichten** Sternen geschehen!
Honigschleckend und noch **brötchenkauend** im Klassenzimmer sitzend**,** bemerkten die **12jährigen** Vierlinge, **daß** sie **im folgenden** immer wieder angestarrt wurden, da sie jede Regel auswendig **wußten**. Einige Klassenkameraden starrten sie **hilfesuchend** an, anderen machte dieses Verhalten eher **angst**! Auch der Lehrer schien daran **zugrunde** zu gehen und wurde **grün-blau** vor Neid. Niemand kannte die Regeln **100prozentig**! Die vier Kinder in ihren **Hot pants mußten** jenseits von **Gut und Böse** sein!
Im nachhinein legte sich **jung und alt, arm und reich** und **groß und klein** das neue Buch unter die Kopfkissen.
Diejenigen, die danach immer noch **im finsteren tappten**, kann man an manchem Sonntagnachmittag irgendwo am Ufer sitzen sehen. **Behende** in den Seiten blätternd**,** kauen sie an einem Stück **Zuk-ker** und schwören sich**,** nie wieder **den kürzeren zu ziehen!**

50. Finale!

Als jedes der vier Kinder zu Weihnachten ein blendend weißes Heftchen mit den Regeln zur Rechtschreibreform bekam, schauten sie zunächst etwas belämmert. Sie hatten eher aufwendig/aufwändig verpackte Karamellbonbons und Balletttäschchen/Ballett-Täschchen erwartet.
Es würde ihnen aber im Großen und Ganzen nur übrig bleiben, sich überschwänglich dafür bei ihren Eltern zu bedanken. Wie die Kängurus hüpften sie an diesem Abend in ihren Kostümen aus bunten Flanelllappen/Flanell-Lappen und seidenen Stofffetzen/Stoff-Fetzen herum, die sie nach dem Krippenspiel nicht mehr abgelegt hatten. Sie waren noch Eis laufen gewesen und das Umziehen war ihnen Zeit raubend und lä-stig vorgekommen. Bevor sie an diesem Abend ein-ni-cken konnten, warfen sie noch einen Blick unter den Buch-de-ckel und fühlten sich sofort gefangen genommen von dem Fluss der Wörter und Sätze.
Es schien ihnen ziemlich fern liegend, dass sie es jemals fertig bringen würden, die Furcht einflößenden Regeln zu beherrschen. Doch fürs Erste beschlossen sie(,) die Bücher unter ihre Kopfkissen zu legen.
Irgendetwas war aber in dieser hell leuchtenden Nacht mit all den helllichten Sternen geschehen!
Honig schleckend und noch Brötchen kauend im Klassenzimmer sitzend bemerkten die 12-jährigen Vierlinge, dass sie im Folgenden immer wieder angestarrt wurden, da sie jede Regel auswendig wussten. Einige Klassenkameraden starrten sie Hilfe suchend an, anderen machte dieses Verhalten eher Angst! Auch der Lehrer schien daran zugrunde/zu Grunde zu gehen und wurde grün-blau/grünblau vor Neid. Niemand kannte die Regeln 100-prozentig! Die vier Kinder in ihren Hotpants/Hot Pants mussten jenseits von gut und böse sein!
Im Nachhinein legte sich Jung und Alt, Arm und Reich und Groß und Klein das neue Buch unter die Kopfkissen.
Diejenigen, die danach immer noch im Finsteren tappten, kann man an manchem Sonntagnachmittag irgendwo am Ufer sitzen sehen. Behände in den Seiten blätternd kauen sie an einem Stück Zu-cker und schwören sich (,) nie wieder den Kürzeren zu ziehen!

Alle Übungsschwerpunkte!

Literaturverzeichnis

Dudenredaktion: DUDEN
Rechtschreibung der deutschen Sprache; 20. Auflage
Dudenverlag 1991

Dudenredaktion: DUDEN
Rechtschreibung der deutschen Sprache; 21.Auflage
Dudenverlag 1996

Häcker, R./
Häcker-Oßwald, R.: Neue Schreibung leicht gelernt;
Arbeitsheft zur Rechtschreibreform
Klett 1996

Heller, K.: Rechtschreibung 2000
Die aktuelle Reform; Wörterliste der geänderten Schreibungen
Klett 1996

Küttel, H.: Die Neuregelung der deutschen Rechtschreibung
Volk und Wissen 1996

Plüschel, U.: Duden; Wie schreibt man jetzt?
Ein Übungsbuch zur neuen deutschen Rechtschreibung
Dudenverlag 1996

Stetter, C: Wie schreibt man das (ss)?
Zweifelsfragen der deutschen Sprache
Falken 1991